밤10시, 나를 돌보는 시간

—— 아이가 잠든 뒤 영어를 시작합니다 ——

THIS BOOK BELONGS TO

_____

지은이의
말

"100일간의 영어 도전을 시작하시겠습니까?"

우리는 평생 동안 여러 이유로 영어 공부에 대한 욕구를 느낍니다. 10대 때는 대입을 위해서, 20대에는 취업을 위해서, 30대가 되면 승진, 40대에는 자녀 교육을 위해서 다시 영어 교육에 관심을 갖게 됩니다. 학교를 졸업하면 끝날 줄 알았던 영어 공부는 평생 끝나지 않습니다. 하지만 영어 공부를 하고 싶다는 생각을 늘 하면서도 어떤 교재로 어떻게 시작을 해야 할지 막막할 때가 많습니다. 방법을 몰라서 고민만 하다가 영어 공부에 도전을 못했던 분들에게 이 책은 좋은 시작이 될 겁니다.

고민만 하고 시작을 못 하고 있는 여러분에게

영어의 기초가 약해서, 하루 일과가 너무 바빠서 영어 공부를 시작하지 못하는 분들이라면, 이 책이 큰 도움이 되실 겁니다. 단어를 익히고, 따라서 쓰고, 때로는 따라서 말도해 보고, 하루를 정리하는 일기를 쓰듯이 매일매일 영어 공부를 하다 보면 일상 속에서 작은 성취감을 느낄 수 있습니다. 하루에 한 쪽, 또는 두 쪽씩 공부를 하면서 매일매일 자신과의 약속을 지키면 100일 후에는 영어 실력이 몰라보게 향상되어 있을 겁니다.

누구나 도전할 수 있습니다.

영어의 기초를 익히고 싶은 분, 잃어버린 영어의 재미를 찾고 싶은 분, 무엇보다 자녀의 영어 공부를 도와주기 위해서 혼자서 영어 공부를 시작하고 싶은 부모님들께 이 교재를 추천합니다. 오랜만에 시작하는 영어 공부에 큰 활력소가 되어 줄 것입니다. 실용적으로 쓸 수 있는 회화 패턴들을 통해서 단어와 문법, 영어 문장들을 자연스럽게 공부할 수 있습니다.

말하기, 쓰기, 문법, 독해까지 한 번에 잡는 책

이 책에는 상황에 따라 바로 활용할 수 있는 회화표현들, 기본적인 문법을 뼈대로 한 문장들, 다양한 소재의 독해까지 모두 실려 있습니다. 영어의 기초가 약한 분들도 100일간의 도전을 끝까지 할 수 있도록 구성했습니다. 따라 말하면서, 따라 쓰면서, 받아 쓰면서 끝까지 포기하지 않고 공부할 수 있습니다. 여러 번 영어 공부를 시작했지만 매번 포기해버린 분이라면 이 책과 함께 새로운 마음으로 100일간의 도전을 시작해 보시기 바랍니다.

이 책은 단어책도, 문법책도, 회화책도 아닙니다.

이 책은 여러분이 영어 공부에 흥미를 느낄 수 있도록 자극하고, 용기를 주는 책입니다. 그리고 이 책과 함께 하는 100일간의 도전이 끝났을 때 여러분들은 더 이상 영어 초보가 아닙니다. 영어 실력은 당연히 향상되었을 것이고, 앞으로 더 깊게 영어를 공부해 보고 싶다는 생각이 한껏 드실 겁니다. 매일 30분씩, 100일의 도전을 함께 해 주세요. 여러분의 일상에 작은, 아니 작지 않은 활력소가 될 것이라 확신합니다. 지금, 도전을 같이 시작해 보아요.

- EBS 영어강사 정승익
- Cake영어 강사 Gina 지나쌤

이 책의 사용법

PRE-STEP

매일매일 본격적인 학습을 시작하기 전 다섯 단어씩 외워요. 열심히 외운 후, 오른쪽 페이지에서 테스트도 해 보세요. 하루 다섯 단어씩 100일이면 필수 중학 단어 500개를 끝낼 수 있어요.

Vocabulary
→ 하루 다섯 단어씩 외우고 다음 장에서 체크해 보세요.

#오늘의 단어 #하루 다섯 단어 #암기

- ☐ bump into ～와 우연히 마주치다
- ☐ conversation 대화, 회화
- ☐ describe 말하다, 묘사하다
- ☐ greet 맞이하다, 환영하다
- ☐ approach 다가가다, 접촉하다

Vocabulary Check

나가가디, 집촉히디	♪
맞이하다, 환영하다	→
말하다, 묘사하다	→
대화, 회화	→
～와 우연히 마주치다	→

STEP 1

일상, 업무, 육아, 여행 등 다양한 상황에서의 회화 표현을 연습해요.
① 듣고, 따라하고, 체크하면서 입에 익히고,
② 대화 속에서 다시 한번 연습한 후, ③ 직접 쓰면 내 문장 만들기 완성!

DAY 1 #회화 #일상 #인사

#인사하기
듣고, 따라하고, 체크하세요

- How's it going? 잘 지내니?
- It's good to see you! 너무 반갑다!
- Where are you off to? 어디 가니?
- What a small world! 세상 정말 좁다!
- It's been a long time. 오랜만이야.
- How have you been? 어떻게 지냈어?
- What brings you here? 여기는 어쩐 일이야?
- You look great. 너 좋아 보인다.
- I've been doing well. 난 잘 지내고 있어.
- You haven't changed a bit. 넌 그대로구나.

Try It! → 공부한 문장들을 활용해 빈칸을 채워 보세요

#실전 연습

A : Hey, it's been a long time! 헤이, 오랜만이야!
B : Hey, _____ 헤이, 어떻게 지냈어?
A : I've been doing well. 잘 지내고 있지.
B : _____ 어디 가는 길이야?

Answer how have you been? / Where are you off to?

Vocabulary → 하루 다섯 단어씩 외우고 다음 장에서 체크해 보세요

#오늘의 단어 #하루 다섯 단어 #암기

- ☐ bump into ～와 우연히 마주치다
- ☐ conversation 대화, 회화
- ☐ describe 말하다, 묘사하다
- ☐ greet 맞이하다, 환영하다
- ☐ approach 다가가다, 접촉하다

14

---

20 _____

Challenge Yourself → 한국어 뜻을 보고 챕터의 표 보세요 입으로도 다시 한번 말하면 내 문장 만들기 쉬움

- 너 좋아 보인다. →
- 난 잘 지내고 있어. →
- 어디 가니? →
- 너무 반갑다! →
- 어떻게 지냈어? →
- 넌 그대로구나. →
- 잘 지내니? →
- 세상 정말 좁다! →
- 여기는 어쩐 일이야? →
- 오랜만이야. →

Notes → 공부한 시간과 성취도를 평가해도 찰가나 간단한 메모도 이 공간을 활용하세요

#Total Study Time: _____   #Achievement: ☆☆☆☆☆

Vocabulary Check

#오늘의 단어 #테스트

다가가다, 접촉하다	→
맞이하다, 환영하다	→
말하다, 묘사하다	→
대화, 회화	→
～와 우연히 마주치다	→

15

6

STEP 2

문장의 형식, 기본 시제, 사용빈도 높은 표현들을 익혀요.
① 예시 문장을 학습하고 ② 이 문장들을 활용해 영작도 해봅니다.
③ 샘플 글을 참고하여 간단한 글쓰기도 도전해 보세요.

DAY 26 #표현 #쓰기 #1형식 문장

20___

S+V

영어의 가장 기본 구조입니다. 확장 시점 영어 시간에 자주 쓰면 S는 주어(Subject), V는 동사(Verb)의 줄임말이에요. 영어의 문장은 5가지 형태로 분류할 수 있는데 이것을 문장의 5형식이라고 합니다. 그중 주어, 동사만 가지고 만든 문장을 1형식 문장이라고 해요. 부가 내용을 뒤에서 덧붙이면 문장의 의미가 풍부해집니다.

*실전, 예시 문장과 함께 오늘의 표현을 알아보아요.

Examples

I smile when I'm sad. 나는 슬플 때 웃는다.

My daughter talks a lot. 우리 딸은 말을 많이 한다(말이 많다).

He studied hard for the exam. 그는 시험공부를 열심히 했다.

The supermarket opens at 10. 그 마트는 10시에 연다.

*예시 문장의 구조를 생각하며 다른 단어로 바꿔서 연습해 보세요. 정답은 다음 페이지에 있어요.

Restart Challenge #응용 #도전

나는 슬플 때 웃는다. →

그는 말을 많이 한다. →

그는 한 시간 동안 공부를 열심히 했다. →

그 가게는 10시에 연다. →

cry 울다 / for an hour 한 시간 동안 / store 가게

Vocabulary #오늘의 단어 #1형식 동사 #하루 다섯 단어 #암기

☐ **disappear** 사라지다

☐ **vary** 다양하다, 다르다

☐ **exist** 존재하다

☐ **matter** 중요하다

☐ **insist** 주장하다

Writing Practice #표현 활용 #연습

Sample I went to the grocery store at 7:30 for a healthy breakfast. Then I realized that the store opens at eight. Well, I came back home and ate the leftover pizza. It was good.

건강한 아침밥을 먹으려고 아침 7시 30분에 마트에 갔다. 그리고 그 마트는 8시에 문을 연다는 걸 깨달았다. 돌아와서 남은 피자를 먹었다. 맛있었다.

Try! → 오늘의 표현을 활용하면 간단히 글쓰기를 해 보세요. 나만의 글을 쓰기 어렵다면 샘플 글을 따라 쓰며 연습해 보세요.

Notes

#Total Study Time: #Achievement: ☆☆☆☆☆

Restart Challenge 정답 I cry when I'm sad. / He talks a lot. / He studied hard for an hour. / The store opens at 10.

Vocabulary Check #오늘의 단어 #테스트

주장하다 →

중요하다 →

존재하다 →

다양하다, 다르다 →

사라지다 →

66 · 67

STEP 3

다이어트, 육아, 우정 등 다양한 주제의 글로 딕테이션 학습을 해요.
① 단어들을 먼저 살펴본 뒤 ② 음원 파일을 들으며 내용을 파악하고
③ 다시 한 번 들으며 빈칸을 채워 보세요.
④ 정답 확인후, 한 번 더 딕테이션 하며 원어민의 발음을 따라 읽어 보세요.

DAY 86 #딕테이션 #받아쓰기 #다이어트

20___

#Words

*본격적으로 딕테이션을 시작하기 전 단어들을 먼저 살펴봐요.

New Year's resolution 새해 계획 | **shape** 모양, 몸매 | **lose weight** 몸무게를 줄이다 |
actually 실제로 | **struggle** 열심히 노력하다 | **healthier** 더 건강한 | **stick to** ~를 계속하다 |
imagine 상상하다 | **better** 더 나은 | **boost** 신장시키다 | **crave** 간절히 원하다 | **give up** 포기하다 |

First Try

첫 시도에서는 즐겁 세 번째 들어야 첫 번째는 내용을 파악하고, 두 번째에서는 빈칸을 채워 보세요. 속도가 빠르다면 어디까지에는 slow ver.으로 들어도 괜찮 후로 다음 페이지의 정답을 확인하세요.

Every year the most popular New Year's res___s are about h___ and getting in sh___ . We all know how to lose w___ . But can we ac___ do that? I have a few tips for those who str___ to lose ___ and want to get hea___ this year. First, make a p___ that you can actually s___ to. And speak your plan out loud to your family and fr___s. I ___ the be___ version of yourself will bo___ your energy. Imagine it every time you cr___ something. Finally, never g___ .

Second Try

*정답과 해석을 확인 후에 다시 딕테이션을 해보세요. 원어민의 발음을 따라 읽어보는 것도 좋아요.

Every year the most popular N___ Y___'s res___s are about ___ and getting in ___ . We all know how to lo___ . But can we ___ do that? I have a few tips for those who ___ to lo___ and want to get ___ this year. First, make a ___ that you can actually ___ t. And speak your plan out loud to your family and fr___s. I ___ the ___ version of yourself will ___ your energy. Imagine it every time you ___ something. Finally, never ___ .

Vocabulary #오늘의 단어 #하루 다섯 단어 #암기

☐ **dietary** 음식물의, 식이요법의

☐ **consumption** (에너지, 식품, 물질, 상품의) 소비, 소모

☐ **fiber** 섬유질

☐ **carbohydrate** 탄수화물

☐ **intake** 섭취

정답

Every year, the most popular New Year's resolutions are about health and getting in shape. We all know how to lose weight. But can we actually do that? I have a few tips for those who struggle to lose weight and want to get healthier this year. First, make a plan that you can actually stick to. And speak your plan out loud to your family and friends. Imagining the better version of yourself will boost your energy. Imagine it every time you crave something. Finally, never give up.

* crave something

crave는 '간절히 원하다'라는 뜻입니다. crave something은 '무언가를 간절히 원하다'라는 의미겠죠? 주로 음식을 먹고 싶어한다는 의미를 나타냅니다. 무언가가 엄청 먹고 싶은 상황에 crave를 사용해요.
– I'm craving something sweet. 난 단 음식이 엄청 땡겨.

해석

매년 가장 인기 있는 새해 목표들은 항상 건강과 볼 만들기에 관한 것입니다. 우리는 모두 살을 빼는 방법을 알고 있습니다. 하지만 실제 행동으로 옮길 수 있나요? 살을 빼기 위해 노력하는, 건강해지고 싶어하는 사람들을 위한 몇 가지 팁이 있습니다. 우선 현실적으로 지속 가능한 계획을 짜세요. 그리고 나의 계획을 가족과 친구들에게 알리세요. 더 나아진 자신의 모습을 상상하면 힘이 날 거예요. 무언가 먹고 싶을 때마다 그 모습을 상상하세요. 그리고 절대 포기하지 마세요.

Notes

#Total Study Time: #Achievement: ☆☆☆☆☆

Vocabulary Check #오늘의 단어 #테스트

섭취 →

탄수화물 →

섬유질 →

(에너지, 식품, 물질, 상품의) 소비, 소모 →

음식물의, 식이요법의 →

192 · 193

7

100 DAYS PLANNER 사용법

별도로 들고 다닐 수 있는 가벼운 플래너가 함께 들어있어요. 공부 계획 뿐 아니라 간단한 메모, 일정 등을 함께 정리해 보세요.

Monthly x 4개월
100일 동안 쓸 수 있는 먼슬리 플래너가 담겨 있습니다. 학습 계획과 더불어 이번 달 나의 계획, 일정 등을 한 곳에 정리해 보세요. 매일 습관 체크란을 활용해 나를 위한 새로운 습관들을 만들어 보는 건 어떨까요?

Daily x 100일
매일 아침 오늘의 일정과 해야할 일들을 간단히 정리해 보세요. 아침에 오늘의 계획을 정리하는 것만으로도 훨씬 풍성한 하루를 보낼 수 있을 거예요.

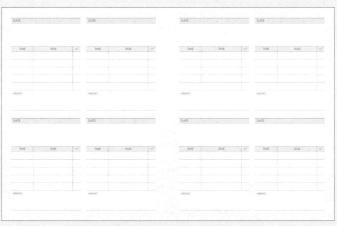

Free Notes
공부할 때 필기노트로 쓰거나
자유로운 방식으로 활용해 보세요.

STEP 3   #딕테이션 #받아쓰기

STEP
1

DAY 1 #회화 #일상 #인사

#인사하기

듣고, 따라하고, 체크하세요.

How's it going? 잘 지내니? □ □ □ □

It's good to see you! 너무 반갑다! □ □ □ □

Where are you off to? 어디 가니? □ □ □ □

What a small world! 세상 정말 좁다! □ □ □ □

It's been a long time. 오랜만이야. □ □ □ □

How have you been? 어떻게 지냈어? □ □ □ □

What brings you here? 여기는 어쩐 일이야? □ □ □ □

You look great. 너 좋아 보인다. □ □ □ □

I've been doing well. 난 잘 지내고 있어. □ □ □ □

You haven't changed a bit. 넌 그대로구나. □ □ □ □

Try It!
공부한 문장들을 활용해 빈칸을 채워 보세요.

#실전 연습

A : Hey, it's been a long time! 헤이, 오랜만이야!

B : Hey, _____ 헤이, 어떻게 지냈어?

A : I've been doing well. 잘 지내고 있지.

B : _____ 어디 가는 길이야?

Answer how have you been? / Where are you off to?

Vocabulary
하루 다섯 단어씩 외우고 다음 장에서 체크해 보세요.

#오늘의 단어 #하루 다섯 단어 #암기

□ bump into ~와 우연히 마주치다

□ conversation 대화, 회화

□ describe 말하다, 묘사하다

□ greet 맞이하다, 환영하다

□ approach 다가가다, 접촉하다

20 . . .

Challenge Yourself

한국어 뜻을 보고 영어로 써 보세요. 입으로도 다시 한번 말하면 내 문장 만들기 성공!

너 좋아 보인다. →

난 잘 지내고 있어. →

어디 가니? →

너무 반갑다! →

어떻게 지냈어? →

넌 그대로구나. →

잘 지내니? →

세상 정말 좁다! →

여기는 어쩐 일이야? →

오랜만이야. →

Notes

공부한 시간과 성취도를 평가해요. 필기나 간단한 메모도 이 공간을 활용하세요.

#Total Study Time:

#Achievement: ☆☆☆☆☆

Vocabulary Check

#오늘의 단어 #테스트

다가가다, 접촉하다 →

맞이하다, 환영하다 →

말하다, 묘사하다 →

대화, 회화 →

~와 우연히 마주치다 →

#인사에 답하기

I'm good. How are you? 잘 지내지. 너는 잘 지내?	☐ ☐ ☐ ☐
I'm doing great! 나는 아주 잘 지내!	☐ ☐ ☐ ☐
I'm doing okay. 그럭저럭 잘 지내.	☐ ☐ ☐ ☐
Same as always. 늘 똑같지 뭐.	☐ ☐ ☐ ☐
Not too good. 그다지 좋지는 않아.	☐ ☐ ☐ ☐

#헤어질 때

Catch you later. 다음에 연락할게.	☐ ☐ ☐ ☐
I have to go. 나는 가봐야 해.	☐ ☐ ☐ ☐
I had a great time today. 오늘 즐거웠어.	☐ ☐ ☐ ☐
It was nice meeting you. 만나서 반가웠어.	☐ ☐ ☐ ☐
Have a good day. 좋은 하루 보내.	☐ ☐ ☐ ☐

Try It!

#실전 연습

A : How are you? 잘 지내?

B : _____ 잘 지내지, 너는?

A : I'm doing great! 나는 아주 잘 지내!

B : Great! Sorry, I have to go. _____ 잘됐다! 미안한데 나 가봐야 해. 다음에 연락할게!

Answer I'm good. How are you? / Catch you later!

Vocabulary

#오늘의 단어 #하루 다섯 단어 #암기

☐ attitude 태도, 사고방식

☐ behavior 행동, 행실, 태도

☐ toward ~쪽으로, ~을 향하여

☐ bow (고개 숙여 하는) 인사, 절하다

☐ make up with ~와 화해하다

Challenge Yourself

잘 지내지. 너는 잘 지내?	→
오늘 즐거웠어.	→
그다지 좋지는 않아.	→
나는 아주 잘 지내!	→
좋은 하루 보내.	→
늘 똑같지 뭐.	→
그럭저럭 잘 지내.	→
나는 가봐야 해.	→
만나서 반가웠어.	→
다음에 연락할게.	→

Notes

#Total Study Time:　　　　　　　　　　　　　#Achievement: ☆☆☆☆☆

Vocabulary Check　　　　　　　　　　#오늘의 단어 #테스트

~와 화해하다	→
(고개 숙여 하는) 인사, 절하다	→
~쪽으로, ~을 향하여	→
행동, 행실, 태도　.	→
태도, 사고방식	→

DAY 3 #회화 #일상 #날씨 #직업

#날씨 이야기하기

How's the weather? 날씨 어때?

It looks like it's going to rain. 비가 올 것 같아.

It's so foggy out. 밖에 안개가 많이 꼈어.

The weather couldn't be any better. 날씨가 더할 나위 없이 좋네.

It snowed yesterday. 어제 눈 왔어.

#직업에 대해 이야기하기

What do you do? 무슨 일 하세요?

I'm not working right now. 현재는 쉬고 있어요.

How long have you been working here? 여기서 얼마나 일하셨나요?

I like my job. 저는 제 일이 좋아요.

I'm going to stick it out. 버텨보려구요.

Try It!   #실전 연습

A : _____ 무슨 일 하세요?

B : I'm a teacher. 저는 선생님이에요.

A : Wow, how long have you been teaching? 와, 얼마나 오래 가르치셨어요?

B : About 8 years, but _____. 8년쯤 됐는데, 현재는 쉬고 있어요.

Answer What do you do? / I'm not working right now.

Vocabulary   #오늘의 단어 #하루 다섯 단어 #암기

☐ season 계절, 양념을 치다

☐ temperature 온도, 기온

☐ climate 기후, 분위기

☐ employ 고용하다

☐ promote 승진시키다, 홍보하다

18

Challenge Yourself

밖에 안개가 많이 꼈어. →

어제 눈 왔어. →

현재는 쉬고 있어요. →

저는 제 일이 좋아요. →

버텨보려구요. →

날씨 어때? →

비가 올 것 같아. →

여기서 얼마나 일하셨나요? →

날씨가 더할 나위 없이 좋네. →

무슨 일 하세요? →

Notes

#Total Study Time:　　　　　　　　　　　　　#Achievement: ☆☆☆☆☆

Vocabulary Check
#오늘의 단어 #테스트

승진시키다, 홍보하다 →

고용하다 →

기후, 분위기 →

온도, 기온 →

계절, 양념을 치다 →

DAY 4 #회화 #일상 #가족

#가족 이야기 하기

Do you have any brothers or sisters? 형제나 자매 있어?

I'm an only child. 나는 외동이야.

I'm the youngest of the three. 세 명 중에 막내야.

I have an older brother. 나는 오빠/형이 한 명 있어.

I have two younger sisters. 나는 여동생이 두 명 있어.

I have a big family. 우리 집은 식구가 많아.

I live away from my parents. 나는 부모님이랑 떨어져 살아.

You look like your mother. 너 너희 엄마랑 닮았어.

I have my mother's mouth. 난 엄마랑 입 모양이 똑같아.

It runs in my family. 우리 집안 내력이야.

Try It!

#실전 연습

A : _____ 너네 형제나 자매 있어?

B : _____ 여동생이 두 명 있어.

A : What about you? 너는?

C : _____ 나는 외동이야.

Answer Do you have any brothers or sisters? / I have two younger sisters. / I'm an only child.

Vocabulary

#오늘의 단어 #하루 다섯 단어 #암기

☐ relative 친척, 비교 상의, ~와 관련지은

☐ aunt 이모, 고모

☐ uncle 삼촌

☐ ancestor 조상, 선조

☐ descendant 후손, 후예, 유래한 것

Challenge Yourself

나는 여동생이 두 명 있어. →

나는 부모님이랑 떨어져 살아. →

형제나 자매 있어? →

우리 집안 내력이야. →

너 너희 엄마랑 닮았어. →

우리 집은 식구가 많아. →

난 엄마랑 입 모양이 똑같아. →

나는 외동이야. →

나는 세 명 중에 막내야. →

나는 오빠/형이 한 명 있어. →

Notes

#Total Study Time: #Achievement: ☆☆☆☆☆

Vocabulary Check

후손, 후예, 유래한 것 →

조상, 선조 →

삼촌 →

이모, 고모 →

친척, 비교 상의, ~와 관련지은 →

DAY 5 #회화 #일상 #성격

#사람의 특징과 성격 이야기하기

What is he/she like? 그 사람 어때?

What do you think about him/her? 그 사람 어떻게 생각해?

How do you know him/her? 너 그 사람을 어떻게 알아?

He's/She's really hard to talk to. 그 사람은 말을 걸기가 어려워.

He's/She's so stubborn. 그 사람은 너무 꽉 막혔어.

He's/She's an easy-going person. 그 사람은 무던하니 성격이 좋아.

He's/She's a people person. 그 사람은 외향적이야.

He's/She's all talk. 그 사람은 말뿐이야.

He's/She's an open book. 그 사람은 무슨 생각하는지가 뻔히 보여.

He's/She's talkative. 그 사람은 수다스러워.

Try It!   #실전 연습

A : Do you know Tyler? 너 Tyler 알아?

B : Yes, he's my friend. _____ 응, 내 친구야. 네가 걔를 어떻게 알아?

A : He joined our team yesterday. _____ 우리 팀에 들어왔거든. 그 사람 어때?

B : _____ 걔 무던하니 성격 좋지.

Answer How do you know him? / What is he like? / He's an easy-going person.

Vocabulary   #오늘의 단어 #하루 다섯 단어 #암기

☐ optimistic 낙관적인

☐ negative 부정적인, 비관적인

☐ polite 예의 바른, 공손한, 정중한

☐ selfish 이기적인

☐ passionate 열정적인, 열렬한

Challenge Yourself

그 사람 어떻게 생각해? →

너 그 사람을 어떻게 알아? →

그 사람은 수다스러워. →

그 사람은 무슨 생각하는지가 뻔히 보여. →

그 사람 어때? →

그 사람은 외향적이야. →

그 사람은 말뿐이야. →

그 사람은 너무 꽉 막혔어. →

그 사람은 말을 걸기가 어려워. →

그 사람은 무던하니 성격이 좋아. →

Notes

#Total Study Time: #Achievement: ☆☆☆☆☆

Vocabulary Check   #오늘의 단어 #테스트

열정적인, 열렬한 →

이기적인 →

예의 바른, 공손한, 정중한 →

부정적인, 비관적인 →

낙관적인 →

DAY 6 #회화 #일상 #리액션

#대답하기 #Really?

That's right. 그래 맞아.

Absolutely! 완전 그래!

I'm with you. 나는 찬성이야.

I don't mind. 나는 아무래도 괜찮아.

I don't buy that. 못 믿겠어.

Good for you! 잘됐다!

That's bad. 안됐다.

No way! 말도 안 돼!

You've got to be kidding. 농담하는 거지? (말도 안 돼.)

Are you serious? 진심이야?

Try It!
#실전 연습

A : Do you mind if I bring some friends? 친구들 좀 데려와도 될까?

B : No, _____ 난 아무래도 괜찮아.

A : Can I bring Jessica? Jessica 데려와도 돼?

B : _____ 진심이야?

Answer I don't mind. / Are you serious?

Vocabulary
#오늘의 단어 #하루 다섯 단어 #암기

☐ agree 동의하다, 승낙하다

☐ interact 소통하다, 상호작용을 하다

☐ respond 응답하다, 답장을 보내다

☐ accept 받아들이다, 받아 주다

☐ doubt 의심, 의심하다

Challenge Yourself

나는 아무래도 괜찮아.   →

말도 안 돼!   →

나는 찬성이야.   →

농담하는 거지?   →

안됐다.   →

완전 그래!   →

잘됐다   →

진심이야?   →

못 믿겠어.   →

그래 맞아.   →

Notes

#Total Study Time: #Achievement: ☆☆☆☆☆

Vocabulary Check
#오늘의 단어 #테스트

의심, 의심하다   →

받아들이다, 받아 주다   →

응답하다, 답장을 보내다   →

소통하다, 상호작용을 하다   →

동의하다, 승낙하다   →

#칭찬하기

Well done! 잘했어!

Nice try. (틀렸지만) 잘했어.

That's very sweet of you. (그렇게 해주다니) 정말 상냥하구나.

I'm very proud of you. 네가 정말 자랑스러워.

That's impressive! 와, 멋지네

#훈육하기

That's not nice. 그러면 안 돼.

Stop it. 그만해.

Don't be rude. 무례하게 행동하면 안 돼.

I appreciate you being honest. 솔직하게 말해 줘서 고마워.

Think about what you did wrong. 네 잘못이 뭔지 생각해 보렴.

Try It!   #실전 연습

A : Mom, I got an A plus! 엄마, 저 A⁺를 받았어요!

B : _____ 와, 멋지다!

A : Do you think so? 그렇게 생각해요?

B : Of course! _____ 그럼! 네가 정말 자랑스러워.

Answer That's impressive! / I'm very proud of you.

Vocabulary   #오늘의 단어 #하루 다섯 단어 #암기

☐ compliment 칭찬, 칭찬하다

☐ courtesy 공손함, 정중함, 예의상 하는 말

☐ affect 영향을 미치다

☐ discipline 규율, 훈육하다

☐ attitude 태도, 사고방식

Challenge Yourself

잘했어! →

솔직하게 말해 줘서 고마워. →

무례하게 행동하면 안 돼. →

그러면 안 돼. →

네 잘못이 뭔지 생각해 보렴. →

와, 멋지네! →

네가 정말 자랑스러워. →

(틀렸지만) 잘했어. →

그만해. →

(그렇게 해주다니) 정말 상냥하구나. →

Notes

#Total Study Time: #Achievement: ☆☆☆☆☆

Vocabulary Check

#오늘의 단어 #테스트

태도, 사고방식 →

규율, 훈육하다 →

영향을 미치다 →

공손함, 정중함, 예의상 하는 말 →

칭찬, 칭찬하다 →

DAY 8 #회화 #가정 #모닝 루틴

#일어날 때 #기상

Rise and shine! 해 떴다! 어서 일어나! ☐ ☐ ☐ ☐

Time to get up! 일어날 시간이야! ☐ ☐ ☐ ☐

I'll count to 10. 열까지 셀 거야. ☐ ☐ ☐ ☐

Did you sleep well? 잘 잤니? ☐ ☐ ☐ ☐

Did you have good dreams? 좋은 꿈 꿨니? ☐ ☐ ☐ ☐

#모닝 루틴

Don't forget to make the bed. 이불 정리하는 것 잊지 마. ☐ ☐ ☐ ☐

It's almost 8:30. 8시 30분 다됐다. ☐ ☐ ☐ ☐

Hurry up or you'll be late. 서두르지 않으면 늦을 거야. ☐ ☐ ☐ ☐

Did you flush? 변기 물 내렸니? ☐ ☐ ☐ ☐

Bundle up. It's cold outside. 따뜻하게 입어. 밖에 추워. ☐ ☐ ☐ ☐

Try It!
#실전 연습

A : _____ 해 떴다! 어서 일어나!

B : Just five more minutes, please. 5분만 더 잘래요.

A : You said that 5 minutes ago. _____. 5분 전에 그 말 했거든요. 열까지 센다.

B : Okay, I'm up, Mom. 알았어요, 저 일어났어요, 엄마.

Answer Rise and shine! / I'll count to 10.

Vocabulary
#오늘의 단어 #하루 다섯 단어 #암기

☐ oversleep 늦잠을 자다

☐ flush (물이) 왈칵 흘러나오다, 얼굴을 붉히다

☐ brush ~을 닦다, (머리를) 빗다, 빗

☐ shave 면도하다

☐ put on ~을 입다, ~을 바르다

Challenge Yourself

잘 잤니?   →

변기 물 내렸니?   →

열까지 셀 거야.   →

서두르지 않으면 늦을 거야.   →

8시 30분 다 됐다.   →

좋은 꿈 꿨니?   →

이불 정리하는 것 잊지 마.   →

해 떴다! 어서 일어나!   →

따뜻하게 입어. 밖에 추워.   →

일어날 시간이야!   →

Notes

#Total Study Time: #Achievement: ☆☆☆☆☆

Vocabulary Check   #오늘의 단어 #테스트

~을 입다, ~을 바르다   →

면도하다   →

~을 닦다, (머리를) 빗다, 빗   →

(물이) 왈칵 흘러나오다, 얼굴을 붉히다 →

늦잠을 자다   →

#아침 식사

Breakfast is ready. 아침 식사 준비 다 됐어. ☐ ☐ ☐ ☐

The food is getting cold. 음식 식는다. ☐ ☐ ☐ ☐

Do you want some milk? 우유 좀 줄까? ☐ ☐ ☐ ☐

Chew your food well! 꼭꼭 씹어! ☐ ☐ ☐ ☐

Try this. 이거 한번 먹어 봐. ☐ ☐ ☐ ☐

Is it yummy? 맛있어? ☐ ☐ ☐ ☐

Have some more. 좀 더 먹어. ☐ ☐ ☐ ☐

Tell me if you want some more. 좀 더 먹고 싶으면 말해. ☐ ☐ ☐ ☐

Do you know what this is in English? 이거 영어로 뭔지 알아? ☐ ☐ ☐ ☐

This is called lettuce. 이건 lettuce(상추)라고 불러. ☐ ☐ ☐ ☐

Try It!

A : _____ 아침 식사 준비 다 됐어.

B : I'm coming, Mom! 가요, 엄마!

A : _____ 좀 더 먹고 싶으면 말해.

B : Wow, that looks more than enough. 와, 이미 많아 보여요.

Answer Breakfast is ready. / Tell me if you want some more.

Vocabulary

#오늘의 단어 #하루 다섯 단어 #암기

☐ ingredient 요리 재료

☐ peel 껍질을 벗기다, 껍질

☐ mash 으깨다

☐ stir 젓다, (저어가며) 섞다

☐ minced 다진, 저민

Challenge Yourself

좀 더 먹고 싶으면 말해. →

이건 lettuce(상추)라고 불러. →

이거 한번 먹어 봐. →

좀 더 먹어. →

우유 좀 줄까? →

아침 식사 준비 다 됐어. →

맛있어? →

꼭꼭 씹어! →

이거 영어로 뭔지 알아? →

음식 식는다. →

Notes

#Total Study Time:

#Achievement: ☆☆☆☆☆

Vocabulary Check

다진, 저민 →

젓다, (저어가며) 섞다 →

으깨다 →

껍질을 벗기다, 껍질 →

요리 재료 →

DAY 10 #회화 #가정 #씻기기

#양치 #세수

Let's go to the bathroom. 화장실로 가자. ☐ ☐ ☐ ☐

It's time to brush your teeth. 양치할 시간이야. ☐ ☐ ☐ ☐

Put some toothpaste on your brush. 칫솔에 치약 묻혀. ☐ ☐ ☐ ☐

Rinse your mouth with water. 물로 입 헹궈. ☐ ☐ ☐ ☐

Now, spit out the water. 이제 물은 뱉어. ☐ ☐ ☐ ☐

Let's wash your face. 세수하자. ☐ ☐ ☐ ☐

Make bubbles with the soap. 비누로 거품 만들어. ☐ ☐ ☐ ☐

Rub the bubbles on your face. 얼굴에 거품 문질러. ☐ ☐ ☐ ☐

Rinse them with water. 물로 헹궈. ☐ ☐ ☐ ☐

Did you turn off the light? 불 껐어? ☐ ☐ ☐ ☐

Try It!

#실전 연습

A : _____ Let's go to the bathroom. 양치 시간이야. 화장실로 가자.

B : Okay, Mom. 네, 엄마.

A : _____ 세수하자.

B : Can I play with bubbles? 거품으로 놀아도 돼요?

Answer It's time to brush your teeth. / Let's wash your face.

Vocabulary

#오늘의 단어 #하루 다섯 단어 #암기

☐ tongue 혀

☐ cheek 볼, 뺨

☐ forehead 이마

☐ palm 손바닥

☐ wisdom tooth 사랑니

Challenge Yourself

세수하자.　　　　　　→

물로 입 헹궈.　　　　　→

얼굴에 거품 문질러.　　→

불 껐어?　　　　　　　→

양치할 시간이야.　　　　→

이제 물은 뱉어.　　　　→

화장실로 가자.　　　　　→

비누로 거품 만들어.　　→

칫솔에 치약 묻혀.　　　→

물로 헹궈.　　　　　　→

Notes

#Total Study Time:　　　　　　　　　　　　#Achievement: ☆☆☆☆☆

Vocabulary Check
#오늘의 단어 #테스트

사랑니　　　　　→

손바닥　　　　　→

이마　　　　　　→

볼, 뺨　　　　　→

혀　　　　　　　→

#옷 입기

Let's get ready to go out. 나갈 준비 하자.

What do you want to wear? 뭐 입고 싶어?

Do you like this dress? 이 원피스가 마음에 들어?

I'll button it up for you. 내가 단추 채워 줄게.

Put on your socks. 양말 신어.

You can do it by yourself. 혼자서 해보렴.

Put your shoes on. 신발 신어.

Which shoes do you want to wear? 어떤 신발 신고 싶어?

Wow, look at you! 와, 얘 좀 봐, 너무 멋지다!

You look adorable! 정말 사랑스럽다!

Try It!

#실전 연습

A : _____ 뭐 입고 싶어?

B : This one! 이거요!

A : _____ 이 원피스가 마음에 들어?

B : Yes! Can I choose my shoes, too? 네! 신발도 골라도 돼요?

Answer What do you want to wear? / Do you like this dress?

Vocabulary

#오늘의 단어 #하루 다섯 단어 #암기

☐ put on 입다

☐ take off 벗다

☐ dress shirt 와이셔츠

☐ vest 조끼

☐ hoody 모자 달린 후드티

Challenge Yourself

내가 단추 채워 줄게.   →

어떤 신발 신고 싶어?   →

이 원피스가 마음에 들어?   →

양말 신어.   →

와, 얘 좀 봐, 너무 멋지다!   →

뭐 입고 싶어?   →

신발 신어.   →

정말 사랑스럽다!   →

나갈 준비 하자.   →

혼자서 해보렴.   →

Notes

#Total Study Time:

#Achievement: ☆☆☆☆☆

Vocabulary Check

모자 달린 후드티   →

조끼   →

와이셔츠   →

벗다   →

입다   →

#엘리베이터

Let's take the elevator. 우리 엘리베이터 타자.	☐	☐	☐	☐
Can you hit 12? 12층 눌러 줄래?	☐	☐	☐	☐
Which floor are we going to? 우리 몇 층으로 가지?	☐	☐	☐	☐
Step back. 뒤로 물러서.	☐	☐	☐	☐
Can you hold the door, please? 문 좀 잡아 줄래?	☐	☐	☐	☐

#자동차

Let's hop in the car. 차에 타자.	☐	☐	☐	☐
Fasten your seatbelt. 안전벨트 매렴.	☐	☐	☐	☐
I'll do it for you. 내가 해줄게.	☐	☐	☐	☐
Look outside! 밖에 봐 봐!	☐	☐	☐	☐
Be careful when you open the door. 문 열 때 조심해.	☐	☐	☐	☐

Try It!   #실전 연습

A : Mom, _____ 엄마, 우리 엘리베이터 타요.

B : That's a good idea. 좋은 생각이야.

A : _____ 우리 몇 층으로 가요?

B : _____ 5층 눌러 줄래?

Answer let's take the elevator. / Which floor are we going to? / Can you hit 5?

Vocabulary   #오늘의 단어 #하루 다섯 단어 #암기

☐ floor 바닥, 층

☐ jaywalk 무단 횡단하다

☐ pedestrian 보행, 보행자

☐ sidewalk 인도

☐ traffic light 신호등

Challenge Yourself

안전벨트 매렴. →

우리 엘리베이터 타자. →

밖에 봐 봐! →

우리 몇 층으로 가지? →

내가 해줄게. →

문 열 때 조심해. →

12층 눌러 줄래? →

뒤로 물러서. →

차에 타자. →

문 좀 잡아 줄래? →

Notes

#Total Study Time:　　　　　　　　　　#Achievement: ☆☆☆☆☆

Vocabulary Check

신호등 →

인도 →

보행, 보행자 →

무단 횡단하다 →

바닥, 층 →

DAY 13 #회화 #가정 #미술 놀이 #놀이터

#미술 놀이

Do you want to draw? 그림 그릴래?	□ □ □ □
Bring some paper and crayons. 종이랑 크레파스 가져오렴.	□ □ □ □
What are you going to draw today? 오늘은 뭐 그릴 거야?	□ □ □ □
Be careful when using the scissors. 가위를 사용할 때는 조심해.	□ □ □ □
I like your painting. 네 그림 멋지다.	□ □ □ □

#놀이터

Who wants to go to the playground? 놀이터 가고 싶은 사람?	□ □ □ □
There's a big slide! 큰 미끄럼틀이 있네!	□ □ □ □
Be careful when you ride it. 탈 때 조심해.	□ □ □ □
Let him/her go first. 양보해 주자.	□ □ □ □
We can come back again tomorrow. 내일 다시 오면 돼.	□ □ □ □

Try It!   #실전 연습

A : ＿＿＿＿＿＿＿＿＿＿＿＿＿ 큰 미끄럼틀이 있네!

B : ＿＿＿＿＿＿＿＿＿＿＿＿＿＿＿＿ 탈 때 조심해.

A : Okay, Mom. 네, 엄마.

B : Have fun. I'll be right here. 재미있게 놀아. 엄마는 여기 있을게.

Answer There's a big slide! / Be careful when you ride it.

Vocabulary   #오늘의 단어 #하루 다섯 단어 #암기

□ seesaw 시소

□ swing 그네, 흔들리다, 휘두르다

□ pull-up bar 철봉

□ play date (부모들끼리 잡는 자녀들의) 놀이 약속

□ supervise 감독하다, 지도하다

Challenge Yourself

양보해 주자.	→
가위를 사용할 때는 조심해.	→
놀이터 가고 싶은 사람?	→
오늘은 뭐 그릴 거야?	→
네 그림 멋지다.	→
종이랑 크레파스 가져오렴.	→
내일 다시 오면 돼	→
탈 때 조심해.	→
그림 그릴래?	→
큰 미끄럼틀이 있네!	→

Notes

#Total Study Time: #Achievement: ☆☆☆☆☆

Vocabulary Check

감독하다, 지도하다	→
(부모들끼리 잡는 자녀들의) 놀이 약속	→
철봉	→
그네, 흔들리다, 휘두르다	→
시소	→

DAY 14 #회화 #가정 #싸울 때 #다쳤을 때

#싸울 때

What are you doing right now? 지금 뭐 하는 거니? ☐ ☐ ☐ ☐

Tell me what happened. 무슨 일인지 말해 봐. ☐ ☐ ☐ ☐

Hey, stop fighting! 그만들 싸워! ☐ ☐ ☐ ☐

You need to say that you are sorry. 미안하다고 말해야 해. ☐ ☐ ☐ ☐

Hug each other and say sorry. 서로 안아주면서 미안하다고 해. ☐ ☐ ☐ ☐

#다쳤을 때

What happened to your knee? 무릎이 왜 그래? ☐ ☐ ☐ ☐

You got a bruise on your leg. 다리에 멍들었네. ☐ ☐ ☐ ☐

You're bleeding! 피나잖아! ☐ ☐ ☐ ☐

Let's put a band-aid on your finger. 손가락에 밴드 붙이자. ☐ ☐ ☐ ☐

Put some ointment on your skin. 연고 좀 바르자. ☐ ☐ ☐ ☐

Try It!

#실전 연습

A : ＿＿＿＿＿＿＿＿＿＿＿＿＿＿＿＿＿ 무릎이 왜 그래?

B : I fell down. 넘어졌어요.

A : ＿＿＿＿＿＿＿＿＿＿＿ Are you okay? 피나잖아! 괜찮니?

B : Not really. It hurts. 아니요, 아파요.

Answer What happened to your knee? / You're bleeding!

Vocabulary

#오늘의 단어 #하루 다섯 단어 #암기

☐ **wound** 상처, 상처를 입히다

☐ **bruise** 멍, 타박상을 입히다, 마음에 상처를 주다

☐ **bump** 부딪치다, 찧다

☐ **apologize** 사과하다

☐ **competitive** 경쟁심이 강한, 경쟁력 있는

Challenge Yourself

미안하다고 말해야 해. →

무슨 일인지 말해 봐. →

다리에 멍들었네. →

지금 뭐 하는 거니? →

손가락에 밴드 붙이자. →

피나잖아! →

그만들 싸워! →

연고 좀 바르자. →

서로 안아주면서 미안하다고 해. →

무릎이 왜 그래? →

Notes

#Total Study Time: #Achievement: ☆☆☆☆☆

Vocabulary Check

#오늘의 단어 #테스트

경쟁심이 강한, 경쟁력 있는 →

사과하다 →

부딪치다, 찧다 →

멍, 타박상을 입히다, 마음에 상처를 주다 →

상처, 상처를 입히다 →

#정리정돈하기

Let's clean up the mess. 어지럽힌 것 정리하자.

Put everything where it was. 물건들은 전부 제자리에 두렴.

Put the books back on the shelf. 책들은 책꽂이에 다시 꽂으렴.

Put the blocks back in the box. 블록들은 다시 박스에 넣으렴.

You should keep your room tidy. 방을 항상 정돈해 둬야 해.

Clean things up after playing with them. 놀고 나서 정리하렴.

Can you set the table? (식사를 위한) 상 좀 차려 줄래?

Can you fold the clothes? 옷 갤 수 있어?

Could you vacuum the floor? 청소기 좀 돌려 줄래?

Guys, can you help me with this? 얘들아, 이것 좀 도와줄래?

Try It!
#실전 연습

A : _____ 얘들아, 이것 좀 도와줄래?

B, C : Yes, Mom! 네!

A : _____ 상 좀 차려 줄래?

B : I'm on it. 제가 할게요.

Answer Guys, can you help me with this? / Can you set the table?

Vocabulary
#오늘의 단어 #하루 다섯 단어 #암기

☐ **vacuum** 진공, 진공청소기로 청소하다

☐ **mop** 대걸레, 걸레질하다

☐ **do the laundry** 빨래를 하다

☐ **chore** (정기적으로 하는) 일, 하기 싫은 일

☐ **sweep** (방 등을 빗자루로) 쓸다, (손으로) 쓸다

Challenge Yourself

놀고 나서 정리하렴. →

어지럽힌 것 정리하자. →

옷 갤 수 있어? →

블록들은 다시 박스에 넣으렴. →

(식사를 위한) 상 좀 차려 줄래? →

청소기 좀 돌려 줄래? →

책들은 책꽂이에 다시 꽂으렴. →

물건들은 전부 제자리에 두렴. →

얘들아, 이것 좀 도와줄래? →

방을 항상 정돈해 둬야 해. →

Notes

#Total Study Time: #Achievement: ☆☆☆☆☆

Vocabulary Check
#오늘의 단어 #테스트

(방 등을 빗자루로) 쓸다, (손으로) 쓸다 →

(정기적으로 하는) 일, 하기 싫은 일 →

빨래를 하다 →

대걸레, 걸레질하다 →

진공, 진공청소기로 청소하다 →

#책 읽어주기

Which book do you want to read? 어떤 책 읽고 싶어?

How many books do you want to read? 책 몇 권 읽고 싶어?

Pick two books and bring them along. 책 두 권 골라 가져와.

Do you want to read this book again? 이 책 또 읽고 싶어?

Can you turn the page? 한 장 넘겨 줄래?

What is he/she doing? 이 사람 뭐 하고 있지?

Can you read aloud? 이거 소리 내서 읽어 볼래?

Why are you laughing? 왜 웃는 거야? (뭐가 재미있어?)

Do you want to get another book? 책 한 권 더 읽을까?

Let's put them back on the shelf. 책들은 책꽂이에 다시 꽂자.

Try It!   #실전 연습

A : _____ 책 몇 권 읽고 싶어?

B : I want to read two books tonight. 오늘 밤에는 두 권 읽고 싶어요.

A : Alright, _____ 좋아, 책 두 권 골라서 가져오세요.

B : Can I read *Charlotte's Web* again? 《샬롯의 거미줄》 또 읽어도 돼요?

Answer How many books do you want to read? / pick two books and bring them along.

Vocabulary   #오늘의 단어 #하루 다섯 단어 #암기

☐ library 도서관, 서재

☐ kindergarten 유치원

☐ elementary school 초등학교

☐ biography (사람의) 일대기, 전기

☐ novel 소설

Challenge Yourself

한 장 넘겨 줄래?   →

이거 소리 내서 읽어 볼래?   →

왜 웃는 거야?   →

책 두 권 골라 가져와.   →

이 사람 뭐 하고 있지?   →

이 책 또 읽고 싶어?   →

책들은 책꽂이에 다시 꽂자.   ♪

책 몇 권 읽고 싶어?   →

책 한 권 더 읽을까?   →

어떤 책 읽고 싶어?   →

Notes

#Total Study Time: #Achievement: ☆☆☆☆☆

Vocabulary Check

#오늘의 단어 #테스트

소설   →

(사람의) 일대기, 전기   →

초등학교   →

유치원   →

도서관, 서재   →

#잘 준비

It's time to go to bed! 잘 시간이야! ☐ ☐ ☐ ☐

Brush your teeth before going to bed. 자기 전에 양치해. ☐ ☐ ☐ ☐

Go pee before you go to bed. 자기 전에 오줌 누고 오렴. ☐ ☐ ☐ ☐

You need to take a shower. 너 샤워해야 해. ☐ ☐ ☐ ☐

Put some lotion on your body. 몸에 로션 바르렴. ☐ ☐ ☐ ☐

Don't run around naked. 벌거벗고 돌아다니지 마. ☐ ☐ ☐ ☐

Can you sleep by yourself? 혼자 잘 수 있겠어? ☐ ☐ ☐ ☐

Let me tuck you in. 이불 덮어 줄게. ☐ ☐ ☐ ☐

Sleep tight! 푹 자렴! ☐ ☐ ☐ ☐

Sweet dreams. 좋은 꿈 꿔. ☐ ☐ ☐ ☐

Try It!   #실전 연습

A : _____ 잘 시간이야!

B : I'm ready to go to bed, Mom. 엄마, 저는 잘 준비 다 했어요.

A : No way, _____ 그럴 리가. 너 샤워해야 해.

B : But I did yesterday! 어제 했는데요!

Answer It's time to go to bed! / you need to take a shower.

Vocabulary   #오늘의 단어 #하루 다섯 단어 #암기

☐ sleepover 함께 자며 놀기, 밤샘 파티

☐ sleeping bag 침낭

☐ pillow 베개

☐ pee 오줌을 누다

☐ parental 부모의

Challenge Yourself

너 샤워해야 해.　　　　　→

몸에 로션 바르렴.　　　　→

혼자 잘 수 있겠어?　　　→

자기 전에 오줌 누고 오렴.　→

좋은 꿈 꿔.　　　　　　→

푹 자렴!　　　　　　　→

지기 전에 양치해.　　　↗

이불 덮어 줄게.　　　　→

벌거벗고 돌아다니지 마.　→

잘 시간이야!　　　　　→

Notes

#Total Study Time:　　　　　　　　　　　#Achievement: ☆☆☆☆☆

Vocabulary Check

부모의　　　　　　　　→

오줌을 누다　　　　　　→

베개　　　　　　　　　→

침낭　　　　　　　　　→

함께 자며 놀기, 밤샘 파티　→

DAY 18 #회화 #직장 #필수 표현1

#출, 퇴근 #일과 #회의

I got to go to work early tomorrow. 나 내일 일찍 출근해야 해.

I'm off tomorrow. 나 내일 쉬는 날이야.

I'm getting off work at 6 sharp. 나 오늘 6시에 바로 퇴근할 거야.

I have to work late today. 오늘 늦게까지 일해야 해.

He/She is on a business trip. 그 사람은 출장 중이야.

He/She called in sick. 그 사람 아파서 못 온다고 전화 왔어.

Can someone answer the phone? 누가 전화 좀 받아 줄래요?

Could you print out the report? 보고서 좀 출력해 줄래요?

Did you book a room for the meeting? 회의실 예약했어?

I need to prepare for a presentation. 나 발표 준비해야 해.

Try It!   #실전 연습

A : Where is Alice? I don't see her. Alice 어디에 있어? 안 보이네.

B : _____ 그녀는 출장 중이야.

A : When is she coming back? 언제 돌아와?

B : In three days. _____ 3일 뒤에. 회의실 예약했어?

Answer She's on a business trip. / Did you book a room for the meeting?

Vocabulary   #오늘의 단어 #하루 다섯 단어 #암기

□ pushpin 압정

□ correction fluid 수정액

□ reliable 신뢰할 수 있는, 믿을 만한

□ unanimous 만장일치의

□ dispute 분쟁, 논란, 반박하다

48

Challenge Yourself

나 오늘 6시에 바로 퇴근할 거야. →

누가 전화 좀 받아 줄래요? →

오늘 늦게까지 일해야 해. →

회의실 예약했어? →

나 내일 쉬는 날이야. →

보고서 좀 출력해 줄래요? →

그 사람 아파서 못 온다고 전화 왔어. →

나 발표 준비해야 해. →

나 내일 일찍 출근해야 해. →

그 사람은 출장 중이야. →

Notes

#Total Study Time: #Achievement: ☆☆☆☆☆

Vocabulary Check
#오늘의 단어 #테스트

분쟁, 논란, 반박하다 →

만장일치의 →

신뢰할 수 있는, 믿을 만한 →

수정액 →

압정 →

#프로젝트 #마감 #휴식

Put together a report. 보고서 준비하세요.

Keep me posted. 진행 상황 계속 알려주세요.

Let's wrap it up. 마무리합시다.

How's your project coming along? 프로젝트는 어떻게 돼가요?

When is it due? 마감이 언제예요?

The due date is very close. 마감일이 정말 얼마 안 남았어요.

We are on schedule. 일정대로 진행되고 있어요.

Let's take a break. 잠시 쉽시다.

Let's take a coffee break. 커피 한 잔 하면서 쉽시다.

Let's pick this up after lunch. 점심 먹고 계속합시다.

Try It!   #실전 연습

A : _____ 네 프로젝트는 어떻게 돼가?

B : It's fine. _____ 괜찮아. 일정대로 진행되고 있어.

A : Great. _____ 좋네. 커피 한 잔 하면서 쉬자.

B : I'm coming in a minute. 금방 따라 갈게.

Answer How's your project coming along? / We are on schedule. / Let's take a coffee break.

Vocabulary   #오늘의 단어 #하루 다섯 단어 #암기

☐ deadline 기한, 마감 일자

☐ overdue 기한이 지난, 이미 늦어진

☐ drawback 결점, 문제점

☐ break 쉬는 시간, 휴식

☐ distracted 집중이 안 되는, 산만해진

Challenge Yourself

마무리합시다. →

잠시 쉽시다. →

마감이 언제예요? →

커피 한 잔 하면서 쉽시다. →

보고서 준비하세요. →

점심 먹고 계속합시다. →

진행 상황 계속 알려주세요. →

프로젝트는 어떻게 돼가요? →

마감일이 정말 얼마 안 남았어요. →

일정대로 진행되고 있어요. →

Notes

#Total Study Time: #Achievement: ☆☆☆☆☆

Vocabulary Check   #오늘의 단어 #테스트

집중이 안 되는, 산만해진 →

쉬는 시간, 휴식 →

결점, 문제점 →

기한이 지난, 이미 늦어진 →

기한, 마감 일자 →

DAY 20 #회화 #여행 #공항 #체크인

#공항 #체크인

May I see your passport? 여권을 보여주시겠어요? ☐ ☐ ☐ ☐

I want an aisle seat. 복도 쪽 좌석을 원해요. ☐ ☐ ☐ ☐

I'd like to sit in the front. 앞쪽 좌석을 원해요. ☐ ☐ ☐ ☐

I'd like seats that are next to each other. 붙어 있는 좌석으로 주세요. ☐ ☐ ☐ ☐

I'd like to check this baggage in. 이 가방을 부치고 싶어요. ☐ ☐ ☐ ☐

Can I carry this on board? 이것을 기내에 가지고 탈 수 있나요? ☐ ☐ ☐ ☐

What's the weight limit? 무게 제한이 어떻게 되나요? ☐ ☐ ☐ ☐

Could you put on a 'fragile' sticker? 취급 주의 스티커를 붙여 주세요. ☐ ☐ ☐ ☐

Is my bag going straight to L.A.? 제 가방이 L.A.로 바로 가나요? ☐ ☐ ☐ ☐

Your flight will be boarding at 9:40. 9시 40분에 탑승할 거예요. ☐ ☐ ☐ ☐

Try It!   #실전 연습

A : Do you have any baggage to check in? 보내실 짐이 있나요?

B : Yes, _____ 네, 이 가방을 부치고 싶어요.

A : Alright, put your bag on the scale, please. 네, 가방을 저울 위에 올려주세요.

B : _____ 제 가방이 L.A.로 바로 가나요?

Answer I'd like to check this baggage in. / Is my bag going straight to L.A.?

Vocabulary   #오늘의 단어 #하루 다섯 단어 #암기

☐ direct flight 직항

☐ turbulence 난기류

☐ stopover 경유

☐ acrophobia 고소공포증

☐ flight attendant 승무원

Challenge Yourself

앞쪽 좌석을 원해요.   →

제 가방이 L.A.로 바로 가나요?   →

붙어 있는 좌석으로 주세요.   →

이 가방을 부치고 싶어요.   →

복도 쪽 좌석을 원해요.   →

이것을 기내에 가지고 탈 수 있나요?   →

취급 주의 스티커를 붙여 주세요.   ›

무게 제한이 어떻게 되나요?   →

9시 40분에 탑승할 거예요.   →

여권을 보여주시겠어요?   →

Notes

#Total Study Time: #Achievement: ☆☆☆☆☆

Vocabulary Check
#오늘의 단어 #테스트

승무원   →

고소공포증   →

경유   →

난기류   →

직항   →

DAY 21 #회화 #여행 #기내 #입국심사

#공항 #기내 #입국심사

Put your seat upright, please. 의자를 세워주세요.

Can I have an extra pillow? 베개를 하나 더 받을 수 있을까요?

Can I get some water? 물 좀 주시겠어요?

These headphones are not working. 헤드폰이 작동하지 않아요.

Do you have any painkillers? 진통제 있나요?

I'm here to travel. 여행하러 왔어요.

How long are you going to stay? 얼마나 머물 건가요?

I'm going to stay for 4 days. 4일 동안 머물 예정입니다.

Where will you be staying? 어디에서 지낼 건가요?

I'm staying at the Marriott Hotel. 메리어트 호텔에서 묵을 거예요.

Try It!
#실전 연습

A : How long are you going to stay? 얼마나 머물 건가요?

B : _____ 5일 동안 머물 예정입니다.

A : Where will you be staying? 어디에서 지낼 건가요?

B : _____ 메리어트 호텔에서 묵을 거예요.

Answer I'm going to stay for 5 days. / I'm staying at the Marriott Hotel.

Vocabulary
#오늘의 단어 #하루 다섯 단어 #암기

☐ immigration 출입국 관리소, 이민

☐ itinerary 여행 일정표

☐ departure 떠남, 출발

☐ arrival 도착

☐ destination 목적지, 도착지

Challenge Yourself

헤드폰이 작동하지 않아요. →

베개를 하나 더 받을 수 있을까요? →

여행하러 왔어요. →

메리어트 호텔에서 묵을 거예요. →

의자를 세워주세요. →

얼마나 머물 건가요? →

어디에서 지낼 건가요? →

물 좀 주시겠어요? →

4일 동안 머물 예정입니다. →

진통제 있나요? →

Notes

#Total Study Time:　　　　　　　　　　#Achievement: ☆☆☆☆☆

Vocabulary Check
#오늘의 단어 #테스트

목적지, 도착지 →

도착 →

떠남, 출발 →

여행 일정표 →

출입국 관리소, 이민 →

#호텔

I'd like to make a reservation. 예약하고 싶어요.	☐	☐	☐	☐
I'd like to cancel my reservation. 예약을 취소하고 싶어요.	☐	☐	☐	☐
I'd like to stay one more night. 하루 더 묵고 싶어요.	☐	☐	☐	☐
I'd like to leave one day earlier. 하루 일찍 나가고 싶어요.	☐	☐	☐	☐
Do you have early check in? 일찍 체크인할 수 있나요?	☐	☐	☐	☐
A non-smoking room, please. 금연실로 부탁드립니다.	☐	☐	☐	☐
Is there a room with an ocean view? 바다가 보이는 방이 있나요?	☐	☐	☐	☐
When is check out? 체크아웃 시간이 언제인가요?	☐	☐	☐	☐
Which floor is the restaurant on? 식당이 몇 층인가요?	☐	☐	☐	☐
What's the Wi-Fi password? 와이파이 비밀번호가 무엇인가요?	☐	☐	☐	☐

Try It!

#실전 연습

A : Hi. How can I help you? 안녕하세요. 어떻게 도와드릴까요?

B : _____ 식당이 몇 층인가요?

A : It's on the 2nd floor. 2층에 있습니다.

B : Thanks. _____ 고맙습니다. 와이파이 비밀번호가 무엇인가요?

Answer Which floor is the restaurant on? / What's the Wi-Fi password?

Vocabulary

#오늘의 단어 #하루 다섯 단어 #암기

☐ transaction 거래, 전자지불

☐ assorted 여러 가지의, 갖은

☐ amenity 편의 시설, 호텔 제공 물품

☐ complimentary 무료의, 칭찬의

☐ inclusive (가격에) 일체의 경비가 포함된

Challenge Yourself

하루 일찍 나가고 싶어요. → _____

일찍 체크인할 수 있나요? → _____

예약하고 싶어요. → _____

하루 더 묵고 싶어요. → _____

바다가 보이는 방이 있나요? → _____

체크아웃 시간이 언제인가요? → _____

식당이 몇 층인가요? → _____

와이파이 비밀번호가 무엇인가요? → _____

예약을 취소하고 싶어요. → _____

금연실로 부탁드립니다. → _____

Notes

#Total Study Time: #Achievement: ☆☆☆☆☆

Vocabulary Check

#오늘의 단어 #테스트

(가격에) 일체의 경비가 포함된 → _____

무료의, 칭찬의 → _____

편의 시설, 호텔 제공 물품 → _____

여러 가지의, 갖은 → _____

거래, 전자지불 → _____

#식당

A table for four, please. 네 명 테이블 주세요. □ □ □ □

We'd like to order, please. 주문할게요. □ □ □ □

I'll have this. 이걸로 주세요. □ □ □ □

Make that two, please. 같은 것으로 두 개 주세요. □ □ □ □

It's perfect for me. 제 입맛에 딱 맞네요. □ □ □ □

Do you want to try a bite? 한 입 먹어 볼래? □ □ □ □

How's your pasta? 네 파스타는 어때? (맛있어?) □ □ □ □

Can I get some more water? 물 좀 더 주시겠어요? □ □ □ □

May I take this home with me? 이걸 집에 싸갈 수 있을까요? □ □ □ □

Could we have the check, please? 계산서 주시겠어요? □ □ □ □

Try It!

#실전 연습

A : _____ 주문할게요.

B : For sure. What can I get you? 그럼요. 어떤 걸로 드릴까요?

A : _____ 이걸로 주세요.

C : _____ 같은 것으로 두 개 주세요.

Answer We'd like to order, please. / I'll have this. / Make that two, please.

Vocabulary

#오늘의 단어 #하루 다섯 단어 #암기

□ cuisine (보통 비싼 식당의) 요리, 요리법

□ beverage 음료

□ stale 신선하지 않은, 오래된

□ feast 연회, 축제일, 맘껏 먹다

□ leftover (식사 후에) 남은 음식

Challenge Yourself

한 입 먹어 볼래? →

제 입맛에 딱 맞네요. →

물 좀 더 주시겠어요? →

이걸로 주세요. →

이걸 집에 싸갈 수 있을까요? →

같은 것으로 두 개 주세요. →

네 명 테이블 주세요. →

네 파스타는 어때? (맛있어?) →

주문할게요. →

계산서 주시겠어요? →

Notes

#Total Study Time: #Achievement: ☆☆☆☆☆

Vocabulary Check

#오늘의 단어 #테스트

(식사 후에) 남은 음식 →

연회, 축제일, 맘껏 먹다 →

신선하지 않은, 오래된 →

음료 →

(보통 비싼 식당의) 요리, 요리법 →

DAY 24 #회화 #여행 #쇼핑

#쇼핑

I'm just browsing. 그냥 둘러보고 있어요.	☐	☐	☐	☐
Do you have this in small? 이거 스몰 사이즈 있나요?	☐	☐	☐	☐
Does this come in red? 이거 빨간색도 있나요?	☐	☐	☐	☐
May I try it on? 이거 입어 봐도 될까요?	☐	☐	☐	☐
This doesn't fit me. 저한테 안 맞아요.	☐	☐	☐	☐
I'll take another look around. 좀 더 둘러볼게요.	☐	☐	☐	☐
I'll get this one. 이거 살게요.	☐	☐	☐	☐
Can I get a refund? 환불 받을 수 있나요?	☐	☐	☐	☐
It's damaged here. 여기 흠집이 있어요.	☐	☐	☐	☐
I got the wrong size. 사이즈를 잘못 샀어요.	☐	☐	☐	☐

Try It!
#실전 연습

A : Hi. Do you need help? 안녕하세요. 도움이 필요하세요?

B : Yes, please. _____ 네. 이거 스몰 사이즈 있나요?

A : Let me check for you. Yes, here it is. 한번 확인해 볼게요. 네, 여기 있네요.

B : Thanks. _____ 고맙습니다. 이거 살게요.

Answer Do you have this in small? / I'll get this one.

Vocabulary
#오늘의 단어 #하루 다섯 단어 #암기

☐ customer 고객

☐ change 잔돈, 바꾸다

☐ amount 총 금액, 양, 액수

☐ authentic 진품인, 진짜인

☐ receipt 영수증

Challenge Yourself

저한테 안 맞아요. →

사이즈를 잘못 샀어요. →

이거 스몰 사이즈 있나요? →

여기 흠집이 있어요. →

이거 입어 봐도 될까요? →

환불 받을 수 있나요? →

그냥 둘러보고 있어요. →

좀 더 둘러볼게요. →

이거 살게요. →

이거 빨간색도 있나요? →

Notes

#Total Study Time: #Achievement: ☆☆☆☆☆

Vocabulary Check   #오늘의 단어 #테스트

영수증 →

진품인, 진짜인 →

총 금액, 양, 액수 →

잔돈, 바꾸다 →

고객 →

DAY 25 #회화 #여행 #택시 #대중교통

#택시 #대중교통

Uber for Chris? Chris 이름으로 부른 우버인가요?

To Times Square, please. 타임스퀘어로 가 주세요.

Please open the trunk. 트렁크 좀 열어주세요.

Can you go to this address? 이 주소로 가 주시겠어요?

Here is fine. 여기 세워 주시면 돼요.

Do you have change for a fifty? 50달러짜리인데 잔돈 있으세요?

Where is the bus stop for No. 64? 64번 버스 정류장이 어디예요?

Does this train go to City Hall? 이 열차가 시청으로 가나요?

Where do I transfer? 어디서 환승하나요?

What's the next stop? 다음 역이 무슨 역인가요?

Try It!
#실전 연습

A : _____ Chris 이름으로 부른 우버인가요?

B : Yes, it is. Do you need help? 네, 도와드릴까요?

A : I'm fine. _____ 괜찮아요. 트렁크 좀 열어주세요.

B : Alright. 네.

Answer Uber for Chris? / Please open the trunk.

Vocabulary
#오늘의 단어 #하루 다섯 단어 #암기

☐ **transfer** 옮기다, 이동하다, 환승하다

☐ **vending machine** 자동판매기

☐ **fare** 요금

☐ **traffic** 차량들, 교통량

☐ **platform** (기차역의) 플랫폼, 단, 연단

Challenge Yourself

이 주소로 가 주시겠어요? →

어디서 환승하나요? →

타임스퀘어로 가 주세요. →

이 열차가 시청으로 가나요? →

여기 세워 주시면 돼요. →

다음 역이 무슨 역인가요? →

트렁크 좀 열어주세요. →

64번 버스 정류장이 어디예요? →

50달러짜리인데 잔돈 있으세요? →

Chris 이름으로 부른 우버인가요? →

Notes

#Total Study Time: #Achievement: ☆☆☆☆☆

Vocabulary Check
#오늘의 단어 #테스트

(기차역의) 플랫폼, 단, 연단 →

차량들, 교통량 →

요금 →

자동판매기 →

옮기다, 이동하다, 환승하다 →

It's okay to be happy.
It's okay to be yourself.

· · · · · · · · · · · · · · · · · · · ·

괜찮아요, 행복할테니.
괜찮아요, 당신이니까.

STEP

2

DAY 26 #표현 #쓰기 #1형식 문장

S+V

영어의 가장 기본 구조입니다. 학창 시절 영어 시간에 자주 쓰던 S는 주어 (Subject), V는 동사(Verb)의 줄임말이에요. 영어의 문장은 5가지 형태로 분류할 수 있는데 이것을 문장의 5형식이라고 합니다. 그중 주어, 동사만 가지고 만든 문장을 1형식 문장이라고 해요. 부가 내용을 뒤에 덧붙이면 문장의 의미가 풍부해 집니다.

→ 설명, 예시 문장과 함께 오늘의 표현을 알아봐요.

Examples

I smile when I'm sad. 나는 슬플 때 웃는다.

My daughter talks a lot. 우리 딸은 말을 많이 한다(말이 많다).

He studied hard for the exam. 그는 시험공부를 열심히 했다.

The supermarket opens at 10. 그 마트는 10시에 연다.

→ 예시 문장의 구조를 생각하며 다른 단어를 사용해 연습해 보세요. 정답은 다음 페이지에 있어요.

Restart Challenge   #응용 #도전

나는 슬플 때 운다.   →

그는 말을 많이 한다.   →

그는 한 시간 동안 공부를 열심히 했다. →

그 가게는 10시에 연다.   →

cry 울다 | for an hour 한 시간 동안 | store 가게

Vocabulary   #오늘의 단어 #1형식 동사 #하루 다섯 단어 #암기

☐ **disappear** 사라지다

☐ **vary** 다양하다, 다르다

☐ **exist** 존재하다

☐ **matter** 중요하다

☐ **insist** 주장하다

Writing Practice

Sample I went to the grocery store at 7:30 for a healthy breakfast. Then I realized that the store opens at eight. Well, I came back home and ate the leftover pizza. It was good.

건강한 아침밥을 먹으려고 아침 7시 30분에 마트에 갔다. 그리고 그 마트는 8시에 문을 연다는 걸 깨달았다. 돌아와서 남은 피자를 먹었다. 맛있었다.

Try! → 오늘의 표현을 활용하여 간단한 글이나 일기를 써 보세요. 나만의 글을 쓰기 어렵다면 샘플 글을 따라 쓰며 연습해 보세요.

Notes

#Total Study Time:　　　　　　　　　　　　　#Achievement: ☆☆☆☆☆

Restart Challenge 정답　I cry when I'm sad. / He talks a lot. / He studied hard for an hour. /
The store opens at 10.

Vocabulary Check

주장하다	→
중요하다	→
존재하다	→
다양하다, 다르다	→
사라지다	→

DAY 27 #표현 #쓰기 #2형식 문장

S+V+C

주어, 동사, 보어(Complement)로 이루어진 문장을 2형식 문장이라고 합니다. 보어는 '보충하는 말'이라고 생각하면 돼요. 예를 들어 'I am'은 '나는 ~이다'라는 의미입니다. 이 자체로는 말이 안 되죠? 이때 보충하는 말을 써 줘야 하고, 이 말을 보어라고 합니다. 동사를 해석하고 부족한 말을 더해준다고 생각하면 돼요. 보어는 명사나 형용사 역할을 하는 표현들만 쓸 수 있습니다.

Examples

I am a good mother. 나는 좋은 엄마다.

We became a team. 우리는 한 팀이 되었다.

His face turned red with anger. 그의 얼굴이 분노로 빨개졌다.

I got angry for no reason. 나는 이유 없이 화가 났다.

Restart Challenge   #응용 #도전

그는 좋은 아빠다.   →

우리는 한 가족이 되었다.   →

그녀의 얼굴이 하얗게 질렸다.   →

나는 임신을 했다.   →

father 아빠 | family 가족 | white 하얀 | pregnant 임신한

Vocabulary   #오늘의 단어 #2형식 동사 #하루 다섯 단어 #암기

☐ become ~(해)지다, ~이 되다

☐ remain 여전히 ~이다, 남아 있다

☐ turn ~한 상태가 되게 하다

☐ get ~하게 되다

☐ stay ~한 상태를 유지하다, 계속 있다

Writing Practice

Sample I think that children are a gift. They make me and my husband good parents. They make us believe life is beautiful.

아이들은 선물과 같은 존재라고 생각한다. 그들은 나와 내 남편이 좋은 부모가 되게 한다. 아이들은 우리가 삶이 아름답다는 믿음을 가질 수 있게 한다.

Try!

Notes

#Total Study Time:

#Achievement: ☆☆☆☆☆

Restart Challenge 정답 He is a good father. / We became a family. / Her face turned white. / I got pregnant.

Vocabulary Check

~한 상태를 유지하다, 계속 있다	→
~하게 되다	→
~한 상태가 되게 하다	→
여전히 ~이다, 남아 있다	→
~(해)지다, ~이 되다	→

69

DAY 28 #표현 #쓰기 #3형식 문장

S+V+O

주어, 동사, 목적어(Object)로 구성된 문장의 3형식을 써봅시다. 목적어는 우리말로 '~을, 를'로 끝나는 말들이에요. 주어, 동사를 쓰고 나서 뒤에 '~을, 를'에 해당하는 말이 필요하다면 목적어가 필요합니다.

Examples

We need a hand. 우리는 도움을 필요로 한다(도움이 필요하다).

I have a question. 나는 질문을 하나 가지고 있다(질문이 하나 있다).

I want a cup of coffee. 나는 커피 한 잔을 원한다.

They bought a new car. 그들은 새 차를 샀다.

Restart Challenge   #응용 #도전

우리는 집 한 채를 필요로 한다.   →

나는 꿈을 하나 가지고 있다.   →

그녀는 장난감을 하나 원한다.   →

내 남편은 새 차를 샀다.   →

house 집 | dream 꿈 | toy 장난감 | husband 남편

Vocabulary   #오늘의 단어 #3형식 동사 #하루 다섯 단어 #암기

☐ **prefer** ~을 더 좋아하다, 선호하다

☐ **quit** 그만두다, 그만하다

☐ **regret** 후회하다, 유감이다

☐ **afford** ~을 할 여유가 되다

☐ **pretend** ~인 척하다, 가장하다

Writing Practice

#표현 활용 #연습

Sample There are two things I love the most. I love my child, and I also love animals. They are really cute and adorable, and I love them so much.

내가 가장 사랑하는 두 가지가 있다. 나는 내 아이를 사랑하고, 동물 또한 사랑한다. 아이와 동물들은 정말 귀엽고 사랑스럽다. 나는 그들이 너무 좋다.

Try!

Notes

#Total Study Time: #Achievement: ☆☆☆☆☆

Restart Challenge 정답 We need a house. / I have a dream. / She wants a toy. / My husband bought a new car.

Vocabulary Check

#오늘의 단어 #테스트

~인 척하다, 가장하다	→
~을 할 여유가 되다	→
후회하다, 유감이다	→
그만두다, 그만하다	→
~을 더 좋아하다, 선호하다	→

DAY 29 #표현 #쓰기 #4형식 문장

S+V+I.O.+D.O.

4형식 문장의 동사는 주로 '~해주다'라는 의미를 가지고 있습니다. 주어가 목적어에게 무언가를 해준다는 의미의 문장이에요. 이때 '누구에게'에 해당하는 것을 간접목적어(Indirect Object)라고 하고, '무엇을'을 '직접목적어'(Direct Object)라고 합니다. 이 둘의 순서에 주의해 주세요.

Examples

I showed them _Frozen_. 나는 그들에게 〈겨울왕국〉을 보여주었다.

We gave him a chance. 우리는 그에게 기회를 한 번 주었다.

She taught me the rules. 그녀는 나에게 그 규칙들을 가르쳐 주었다.

He asked me a question. 그는 나에게 질문을 하나 했다.

Restart Challenge

#응용 #도전

그들은 나에게 사진을 한 장 보여주었다. →

우리는 그에게 책을 한 권 주었다. →

그녀는 나에게 영어를 가르쳐 주었다. →

나는 그에게 질문을 하나 했다. →

picture 사진 | book 책 | him 그에게

Vocabulary

#오늘의 단어 #4형식 동사 #하루 다섯 단어 #암기

☐ **remind** 상기시키다

☐ **warn** 경고하다

☐ **send** 보내다, 보내주다

☐ **offer** 제공하다, 제공해주다

☐ **owe** 빚지다, 신세를 지다

Writing Practice

Sample Yesterday I called my mom to ask her for advice. As always, <u>she gave me great advice</u>. How would I live without her?

어제 엄마께 전화를 걸어 조언을 구했다. 항상 그랬듯, 엄마는 훌륭한 조언을 해주셨다. 엄마 없이 어떻게 살까?

Try!

_____

_____

_____

Notes

#Total Study Time: #Achievement: ☆☆☆☆☆

Restart Challenge 정답   They showed me a picture. / We gave him a book. / She taught me English. / I asked him a question.

Vocabulary Check

빚지다, 신세를 지다	→
제공하다, 제공해주다	→
보내다, 보내주다	→
경고하다	→
상기시키다	→

DAY 30 #표현 #쓰기 #5형식 문장

S+V+O+C

문장의 5형식은 가장 복잡합니다. 목적어와 목적어를 보충하는 보어까지 필요해요. 5형식 문장에서 제일 중요한 개념은 목적어를 뒤에 있는 목적격 보어가 보충한다는 것입니다. 목적격 보어의 형태는 굉장히 다양합니다. 목적격보어는 명사, 형용사를 기본으로 다양한 형태가 가능하기 때문에 문장 속에서 익혀주세요.

Examples

She made me upset. 그녀는 나를 화나게 만들었다.

I find it very difficult. 나는 그것이 무척 어렵다고 느낀다.

I want you to leave me alone. 나는 네가 나를 혼자 두기를 원한다.

He allowed me to stay home. 그는 내가 집에 있도록 해주었다.

Restart Challenge

#응용 #도전

너는 나를 슬프게 만들었다. →

나는 그것이 무척 쉽다고 느낀다. →

나는 네가 나에게 사실을 말해주기를 원한다. →

그는 내가 운전하도록 해주었다. →

sad 슬픈 | easy 쉬운 | tell 말하다 | truth 사실 | drive 운전하다

Vocabulary

#오늘의 단어 #5형식 동사 #하루 다섯 단어 #암기

☐ **name** 이름을 지어주다

☐ **keep** (특정한 상태, 위치를) 유지하다

☐ **create** 창조하다, 만들어내다

☐ **let** 허락하다, ~하게 하다

☐ **consider** ~라고 여기다

Writing Practice

Sample I had an argument with my husband last night. He made me upset. I want him to apologize for what he said to me.

어젯밤에 남편과 말다툼을 했다. 그는 나를 속상하게 만들었다. 그가 나에게 한 말에 대해 사과하면 좋겠다.

Try!

Notes

#Total Study Time: #Achievement: ☆☆☆☆☆

Restart Challenge 정답 You made me sad. / I find it very easy. / I want you to tell me the truth. / He allowed me to drive.

Vocabulary Check

~라고 여기다   →

허락하다, ~하게 하다   →

창조하다, 만들어내다   →

(특정한 상태, 위치를) 유지하다 →

이름을 지어주다   →

DAY 31 #표현 #쓰기 #~이다 #~가 있다 #be동사

be 동사+명사

영어에는 'be동사'라는 개념이 있습니다. 동사의 한 종류이고, 현재형은 am, are, is, 과거형은 was, were, 이렇게 5개가 전부예요. '~이다', '~이 있다', 이 두 가지 뜻을 가지고 있습니다. 오늘은 be동사 뒤에 명사를 쓰는 표현을 연습해 봅시다. 학교 다닐 때 배웠던 'I am a boy.'라는 문장이 기억나실 거예요. 같은 패턴의 문장입니다.

Examples

He **is the one**. 그가 그 사람이다(바로 이 남자다).

I **was a little girl** at that time. 그때 나는 어린 소녀였다.

We **were good friends**. 우리는 친한 친구였다.

There **are many reasons** to be happy. 행복할 이유가 많이 있다.

Restart Challenge

#응용 #도전

그녀가 그 사람이다(바로 이 여자다).　→

나는 수줍음이 많은 아이였다.　　→

그들은 좋은 선생님들이었다.　　→

너를 사랑할 이유는 많단다.　　→

shy 수줍어하는 | child 아이 | teacher 선생님 | love 사랑하다

Vocabulary

#오늘의 단어 #하루 다섯 단어 #암기

☐ **department** 부서

☐ **almost** 거의

☐ **reply** 대답하다, 답장을 보내다, 대응하다

☐ **duty** 의무, 업무, 세금

☐ **branch** 나뭇가지, 분점, 갈라지다

Writing Practice

Sample Since I was a little girl, I always wanted to be a teacher. My teacher was a great role model. He made me fall in love with math. Luckily enough, I am a teacher, and I'm teaching math.

나는 어렸을 때부터 항상 선생님이 되고 싶었다. 내 선생님이 좋은 롤 모델이셨다. 그분은 내가 수학과 사랑에 빠지게 만드셨다. 운이 좋게도 나는 선생님이고, 수학을 가르치고 있다.

Try!

Notes

#Total Study Time: #Achievement: ☆☆☆☆☆

Restart Challenge 정답 She is the one. / I was a shy child. / They were good teachers. / There are many reasons to love you.

Vocabulary Check

나뭇가지, 분점, 갈라지다	→
의무, 업무, 세금	→
대답하다, 답장을 보내다, 대응하다	→
거의	→
부서	→

DAY 32 #표현 #쓰기 #상태 표현하기 #be동사

be 동사 + 형용사

be동사 뒤에 형용사를 이어 사용하면 주어의 감정이나 특징 등의 상태를 표현할 수 있습니다. very, so, little 등의 부사를 형용사 앞에 넣어 형용사의 느낌을 더해 줄 수 있어요.

Examples

I **was** totally **embarrassed**. 나는 완전 민망했다.

These shoes **are** extremely **expensive**. 이 신발은 엄청나게 비싸다.

His house **is so beautiful**. 그의 집은 아주 아름답다.

I **was** a little **frustrated**. 나는 조금 답답했다.

Restart Challenge   #응용 #도전

나는 완전 화가 났었다.   →

그 차는 엄청나게 비싸다.   →

그의 방은 크다.   →

나는 조금 충격 받았다.   →

mad 화가 난 | car 자동차 | big 큰 | shocked 충격 받은

Vocabulary   #오늘의 단어 #하루 다섯 단어 #암기

☐ **invent** 발명하다, 지어내다

☐ **clone** 클론, 복제, 복제하다

☐ **safety** 안전, 안전성

☐ **elder** 나이가 더 많은, 손윗사람

☐ **destroy** 파괴하다, 말살하다

Writing Practice

Sample   I had a long day at work. I'm really <u>exhausted</u>, but at the same time, I'm <u>satisfied</u>. I love my job, and I feel so lucky to have it.

오늘 회사에서 긴 하루(힘든 하루)를 보냈다. 정말 지치지만 동시에 만족스럽기도 하다. 나는 내 일을 사랑한다. 이 직업을 가질 수 있어 참 운이 좋다고 생각한다.

Try!

Notes

#Total Study Time:　　　　　　　　　　　　#Achievement: ☆☆☆☆☆

Vocabulary Check

파괴하다, 말살하다	→
나이가 더 많은, 손윗사람	→
안전, 안전성	→
클론, 복제, 복제하다	→
발명하다, 지어내다	→

be 동사+v-ing

be동사 다음에 동사의 ing형태를 연결하면 진행형 시제를 나타낼 수 있습니다. 진행형이라는 이름 그대로 지금 하고 있는 일이나 하고 있었던 일, 또는 미래에 하고 있을 일을 나타낼 때 사용해요.

Examples

I **was reading** a book. 나는 책을 읽고 있었다.

She **is studying** in her room. 그녀는 그녀의 방에서 공부 중이다.

He **was lying** on the sofa. 그는 소파에 누워 있었다.

I'll **be sleeping** by that time. 나는 그때쯤 자고 있을 것이다.

Restart Challenge

#응용 #도전

나는 빨래를 하고 있었다. →

그녀는 주방에서 요리 중이다. →

그는 침대에 누워 있었다. →

Jacob은 그때쯤 자고 있을 것이다. →

do the laundry 빨래를 하다 | cook 요리하다 | bed 침대

Vocabulary

#오늘의 단어 #하루 다섯 단어 #암기

☐ jog 조깅하다

☐ lawyer 변호사

☐ hastily 급히, 서둘러서, 성급하게

☐ sink 가라앉다, 침몰시키다, 싱크대

☐ spot 점, 얼룩, 발견하다

Writing Practice

Sample   I asked my husband to do the laundry. When I arrived home, he <u>was</u> <u>sleeping</u>. I had to do the laundry. He woke up and gave me something made out of tissue paper. It was a rose. I can't hate him.

남편에게 빨래를 해 달라고 부탁했다. 집에 도착했을 때 남편은 자고 있었다. 빨래는 내가 해야 했다. 남편은 일어나서 휴지로 만든 무언가를 나에게 주었다. 장미였다. 남편을 미워할 수가 없다.

Try!

Notes
#Total Study Time: #Achievement: ☆☆☆☆☆

Restart Challenge 정답   I was doing the laundry. / She is cooking in the kitchen. /
He was lying on the bed. / Jacob will be sleeping by that time.

Vocabulary Check

점, 얼룩, 발견하다	→
가라앉다, 침몰시키다, 싱크대	→
급히, 서둘러서, 성급하게	→
변호사	→
조깅하다	→

DAY 34 #표현 #쓰기 #부정문 #~을 안 하다

don't+동사원형

일반동사를 부정하는 표현입니다. 주어가 나(I), 너(You), 또는 복수 명사일 때는 don't를, 나도 너도 아닌 다른 것 중 단수(3인칭 단수)일 때는 doesn't를 씁니다. 뒤에는 항상 동사원형을 써요. 처음 연습할 때는 주어에 맞게 don't, doesn't를 사용하는 연습을 해 주세요.

Examples

I **don't smoke**. 나는 담배를 피우지 않는다.

We **don't need** anything. 우리는 아무것도 필요 없다.

She **doesn't know** about that. 그녀는 그것에 대해 모른다.

He **doesn't drink** coffee at night. 그는 밤에 커피를 마시지 않는다.

Restart Challenge   #응용 #도전

그는 담배를 피우지 않는다.   →

우리는 그들의 도움이 필요 없다.   →

나는 그것에 대해 모른다.   →

나는 밤에 먹지 않는다.   →

smoke 담배를 피다 | their help 그들의 도움 | eat 먹다

Vocabulary   #오늘의 단어 #하루 다섯 단어 #암기

☐ civil 시민의, 민간의

☐ neighbor 이웃, 가까이 있는 나라 또는 사람

☐ below ~의 아래에

☐ machine 기계

☐ stage 단계, 무대

Writing Practice

Sample I don't drink coffee at night because I can't go to sleep. For the same reason, I don't eat at night. Today, I had a doughnut with a cup of coffee at 9:30PM. I'm not sure if I can sleep tonight.

나는 밤에 커피를 마시지 않는다. 잠을 잘 수 없기 때문이다. 같은 이유로 밤에는 먹지 않는다. 오늘 밤 9시 30분에 커피와 도넛을 먹었다. 오늘 잘 수 있을지 모르겠다.

Try!

Notes
#Total Study Time: #Achievement: ☆☆☆☆☆

Restart Challenge 정답 He doesn't smoke. / We don't need their help. / I don't know about that. / I don't eat at night.

Vocabulary Check

단계, 무대	→
기계	→
~의 아래에	→
이웃, 가까이 있는 나라 또는 사람	→
시민의, 민간의	→

didn't+동사원형

일반동사 부정문의 과거 표현입니다. 과거에 하지 않은 일을 나타낼 수 있어요. didn't 뒤에는 항상 동사의 원형을 씁니다. 주어가 3인칭 단수여도 모양이 바뀌지 않고 didn't로 써요.

Examples

I **didn't exercise** yesterday. 나는 어제 운동하지 않았다.

I **didn't mean** it. 그러려고 한 것은 아니었다. / 진심이 아니었다.

He **didn't know** what to do. 그는 무엇을 해야 할지 몰랐다.

She **didn't text** back. 그녀는 문자에 답장하지 않았다.

Restart Challenge

#응용 #도전

나는 어제 먹지 않았다. →

너를 아프게 하려고 한 것은 아니었다. →

그녀는 어디로 가야 할지 몰랐다. →

그녀는 학교로 돌아가지 않았다. →

eat 먹다 | hurt 아프게 하다 | where 어디로 | go back 돌아가다

Vocabulary

#오늘의 단어 #하루 다섯 단어 #암기

☐ visit 방문, 방문하다

☐ sew 바느질하다, 깁다

☐ important 중요한, 권위 있는

☐ mine 나의 것, 광산, 지뢰

☐ further 추가의, 더 멀리, 더 나아가

Writing Practice

Sample When I was young, I <u>didn't understand</u> what my mom said. I <u>didn't get</u> what she meant. But now, I understand.

내가 어렸을 땐 엄마가 하시는 말씀을 이해하지 못했다. 그 말들이 무슨 의미인지 이해하지 못했다. 하지만 지금은 그 말들을 이해할 수 있다.

Try!

Notes
#Total Study Time: #Achievement: ☆☆☆☆☆

Restart Challenge 정답 I didn't eat yesterday. / I didn't mean to hurt you. / She didn't know where to go. / She didn't go back to school.

Vocabulary Check

추가의, 더 멀리, 더 나아가   →

나의 것, 광산, 지뢰   →

중요한, 권위 있는   →

바느질하다, 깁다   →

방문, 방문하다   →

DAY 36 #표현 #쓰기 #조동사 #can

can+동사원형

조동사에 대해 아시나요? 조동사는 동사를 보조해 준다는 의미입니다. 동사 앞에서 동사에 다양한 의미를 더해 주는 역할을 해요. 요리로 따지면 양념이라고 보시면 됩니다. can은 '~을 할 수 있다'라는 의미의 조동사예요. 부정의 의미인 can't는 can not, cannot으로도 사용합니다. 조동사 다음에는 항상 동사원형을 사용한다는 점을 명심해 주세요.

Examples

I **can do** it for you. 내가 (대신) 해줄 수 있어.

You **can tell** me anything. 나한테는 뭐든 말해도 돼.

We **can't stand** this anymore. 우리는 더 이상 이것을 견딜 수 없어.

You **can't go** out dressed like that. 너 그렇게 입고는 못 나가.

Restart Challenge   #응용 #도전

나는 무엇이든 할 수 있다.   →

나한테는 언제든 말해도 돼.   →

우리는 더 이상 여기에 머물 수 없다. →

너 오늘은 못 나가.   →

anything 무엇이든 | anytime 언제든 | stay 머물다 | today 오늘

Vocabulary   #오늘의 단어 #하루 다섯 단어 #암기

☐ **disappoint** 실망시키다, (바라던 일을) 좌절시키다

☐ **astonish** 깜짝 놀라게 하다

☐ **excite** 흥분시키다, 자극하다

☐ **repair** 수리, 수선, 수리하다

☐ **liberty** (지배, 권위 등으로부터의) 자유

Writing Practice

Sample He's been bossing me around for so long. I <u>can't stand</u> it anymore. I'm going to talk to my boss about it.

그는 오랫동안 제멋대로 행동해왔다. 난 더 이상 견딜 수 없다. 상사에게 이 일에 대해 말할 것이다.

Try!

Notes

#Total Study Time: #Achievement: ☆☆☆☆☆

Restart Challenge 정답 I can do anything. / You can talk to me anytime. / We can't stay here anymore. / You can't go out today.

Vocabulary Check

(지배, 권위 등으로부터의) 자유	→
수리, 수선, 수리하다	→
흥분시키다, 자극하다	→
깜짝 놀라게 하다	→
실망시키다, (바라던 일을) 좌절시키다	→

DAY 37 #표현 #쓰기 #미래 시제 #조동사 #will

will+동사원형

will도 조동사의 한 종류입니다. 동사에 '미래, 의지'의 의미를 더해 줘요. 주어가 대명사일 때는 'll로 줄여서 쓸 수 있습니다. 부정문을 만들 때는 will not을 쓰는데, 줄여서 won't로 많이 써요.

Examples

I **will not(=won't) forget** it next time. 다음번에는 잊지 않을게.

My parents **will visit** us tomorrow. 우리 부모님이 내일 우리를 보러 오신다.

We'**ll miss** her. 우리는 그녀가 그리울 것이다.

I'**ll catch** up with you later. (너 먼저 가.) 나중에 따라 갈게. / 나중에 연락할게.

Restart Challenge   #응용 #도전

다음번에는 내가 계산 안 할 거야.   →

나는 내일 나의 부모님을 뵈러 갈 것이다. →

우리는 이 집이 그리울 것이다.   →

나중에 보자.   →

pay 계산하다 | parents 부모님 | house 집 | see 보다

Vocabulary   #오늘의 단어 #하루 다섯 단어 #암기

☐ kindergarten 유치원

☐ calm 침착한, 차분한, 평온한

☐ improve 개선되다, 향상시키다

☐ rubber 고무, 고무의

☐ biology 생물학, 생명 작용

88

Writing Practice

Sample When I get a job, I <u>will try</u> my best. I <u>will</u> always <u>work</u> hard to achieve my goals. I really want to start working.

내가 직업을 갖는다면 난 최선을 다할 것이다. 나는 목표를 이루기 위해서 항상 열심히 일할 것이다. 난 정말 일을 시작하고 싶다.

Try!

Notes

#Total Study Time: #Achievement: ☆☆☆☆☆

Restart Challenge 정답 I won't pay next time. / I'll visit my parents tomorrow. / We'll miss this house. / I'll see you later.

Vocabulary Check

생물학, 생명 작용	→
고무, 고무의	→
개선되다, 향상시키다	→
침착한, 차분한, 평온한	→
유치원	→

DAY 38 #표현 #쓰기 #미래 시제 #be going to

be 동사 + going to + 동사원형

'be going to'는 미래의 일을 나타낼 때 사용합니다. 뒤에는 항상 동사원형을 써 주세요. 조동사 will과 의미상의 차이가 크지 않지만, 주로 계획된 일을 나타낼 때 사용하면 자연스럽습니다.

Examples

I am going to take a nap. 나는 낮잠을 잘 것이다.

We're going to paint the wall today. 우리는 오늘 벽에 페인트를 칠할 것이다.

You're going to miss me. 너는 나를 그리워하게 될 거야.

I'm going to talk to my boss. 나는 내 상사와 이야기할 것이다.

Restart Challenge   #응용 #도전

나는 파스타를 만들 것이다.   →

우리는 오늘 외식을 할 것이다.   →

나는 네가 그리울 거야.   →

나는 우리 엄마와 이야기할 것이다.   →

make 만들다 | pasta 파스타 | eat out 외식하다

Vocabulary   #오늘의 단어 #하루 다섯 단어 #암기

☐ **exit** 출구, 퇴장

☐ **flat** 평평한, 평지의

☐ **equal** 동일한, 동등한, 평등한

☐ **thirsty** 목이 마른, (~에) 목말라 하는

☐ **friendly** 친절한, 상냥한

Writing Practice

Sample My friends are leaving Korea next week. I'm going to miss them so much. I'm going to visit them when I have enough money.

내 친구들이 다음주에 한국을 떠난다. 난 그들이 정말 보고 싶을 것이다. 나는 돈이 충분히 생기면 그들을 보러 갈 것이다.

Try!

_____

_____

_____

Notes
#Total Study Time: #Achievement: ☆☆☆☆☆

Restart Challenge 정답 I am going to make pasta. / We're going to eat out today. / I'm going to miss you. / I'm going to talk to my mom.

Vocabulary Check

친절한, 상냥한	→
목이 마른, (~에) 목말라 하는	→
동일한, 동등한, 평등한	→
평평한, 평지의	→
출구, 퇴장	→

DAY 39 #표현 #쓰기 #to부정사 #형용사적 용법

to-v

오늘은 to부정사를 연습해 봅시다. 여기서 '부정'은 '~이 아님'이 아닌 '정해지지 않음'을 의미해요. 동사의 모양이지만 상황에 따라 품사가 달라지는 것이죠. to부정사는 명사, 형용사, 부사의 역할을 할 수 있는데, 오늘은 형용사 역할을 하는 것을 알아봅시다. to부정사 앞에 명사가 있고, to부정사가 뒤에서 앞의 명사를 꾸며 주는 형식입니다.

Examples

I have **something to tell** you. 나 너에게 할 말이 있어.

He has **no one to look** after him. 그는 그를 돌봐줄 사람이 아무도 없다.

You have the **right to express** yourself freely. 너는 스스로를 자유롭게 표현할 권리가 있다.

I gave him **something to eat**. 나는 그에게 먹을 것을 주었다.

Restart Challenge

#응용 #도전

나 너에게 줄 것이 있어. →

그는 그를 도와줄 사람이 아무도 없다. →

그들은 알 권리가 있다. →

나는 그에게 마실 것을 주었다. →

give 주다 | help 도와주다 | know 알다 | drink 마시다

Vocabulary

#오늘의 단어 #하루 다섯 단어 #암기

☐ **fairy** 요정

☐ **decrease** 감소, 하락, 줄이다

☐ **fund** 기금, 자금을 대다

☐ **clever** 영리한, 기발한

☐ **forgive** 용서하다

Writing Practice

Sample I want something to eat. I haven't eaten anything since last night, and I'm starving. I'm craving cake. I guess I have the right to eat a lot.

난 먹을 걸 원한다. 지난밤부터 아무것도 안 먹어서 배가 너무 고프다. 케이크가 너무 먹고 싶다. 많이 먹을 자격이 있는 것 같다.

Try!

Notes

#Total Study Time: #Achievement: ☆☆☆☆☆

Restart Challenge 정답   I have something to give you. / He has no one to help him. /
They have the right to know. / I gave him something to drink.

Vocabulary Check

용서하다	→
영리한, 기발한	→
기금, 자금을 대다	→
감소, 하락, 줄이다	→
요정	→

DAY 40 #표현 #쓰기 #to부정사 #부사적 용법

to-v

오늘은 to부정사가 부사로 쓰이는 것을 알아봅니다. to부정사가 부사로 쓰이면 목적, 결과, 판단의 근거, 감정의 원인 등 다양한 의미를 나타내는데, 그중 목적이 가장 대표적이에요. '~하기 위해서'라는 목적을 to부정사로 나타내는 연습을 해봅시다.

Examples

I run **to be** healthy. 나는 건강해지기 위해 달린다.

I petted my dog **to feel** better. 나는 기분이 나아지기 위해 내 강아지를 쓰다듬었다.

I went **to pick** him up. 나는 그를 데리러 갔다.

We went out **to get** some fresh air. 우리는 바람을 쐬러 밖에 나갔다.

Restart Challenge

#응용 #도전

나는 건강해지기 위해 먹는다. →

나는 기분이 나아지기 위해 쇼핑을 갔다. →

나는 아이스크림을 사러 갔다. →

우리는 밥을 먹으러 나갔다. →

went go의 과거형 | go shopping 쇼핑하러 가다 | buy 사다

Vocabulary

#오늘의 단어 #하루 다섯 단어 #암기

☐ portrait 초상화, 인물 사진, 묘사

☐ serve (음식, 서비스 등을) 제공하다

☐ identify (신원 등을) 확인하다, 발견하다, 인정하다

☐ result 결과, 결실

☐ correct 맞는, 정확한, 바로잡다, 정정하다

Writing Practice

Sample I studied really hard when I was in high school. I did it <u>to make</u> my parents happy, and they were proud of me. I want my kids to do the same <u>to make</u> me happy. Is it too selfish?

난 고등학교 때 정말 열심히 공부했다. 부모님을 기쁘게 해드리고자 그렇게 했고, 그분들은 날 자랑스러워하셨다. 내 아이들도 똑같이 날 기쁘게 해줬으면 좋겠다. 너무 이기적인 걸까?

Try!

Notes
#Total Study Time:	#Achievement: ☆☆☆☆☆

Vocabulary Check

맞는, 정확한, 바로잡다, 정정하다	→
결과, 결실	→
(신원 등을) 확인하다, 발견하다, 인정하다	→
(음식, 서비스 등을) 제공하다	→
초상화, 인물 사진, 묘사	→

have+p.p.

현재완료시제를 사용하면 과거부터 현재까지 이어지는 개념을 나타낼 수 있습니다. 우리말로 해석했을 때 '~을 했다', '~을 해왔다', '~을 해버렸다', '~한 적이 있다' 정도의 의미예요. 학창시절 do 동사의 시제 변화를 외울 때, do(현재)-did(과거)-done(과거분사)으로 외우셨었죠? 여기서 done이 바로 p.p.(past participle)입니다. 주어가 3인칭 단수일 때는 have를 has로 바꿔 써 주세요.

Examples

I **have finished** my work. 나는 내 일을 끝마쳤다.

We **have decided** to have a baby. 우리는 아이를 갖기로 결심했다.

I **have studied** English for 10 years. 나는 10년간 영어를 공부해왔다.

She **has grown up** so much. 그녀는 많이 자랐다.

Restart Challenge
#응용 #도전

나는 그 책을 끝마쳤다(다 읽었다). →

우리는 이사하기로 결심했다. →

나는 그를 10년간 알아왔다. →

그녀는 많이 배웠다. →

move 이사하다 | known know의 과거분사형 | learned learn의 과거분사형

Vocabulary
#오늘의 단어 #하루 다섯 단어 #암기

☐ **waste** 낭비, 낭비하다

☐ **opinion** 의견, 견해

☐ **wound** 상처, 부상, 상처를 입히다

☐ **remove** 치우다, 벗다

☐ **reflect** 비추다, 반사하다, 나타내다

Writing Practice

Sample I <u>have done</u> many things today. I've <u>done</u> the laundry and cleaned the house. I also <u>have studied</u> English, and I did a drawing, too! It was such a productive day.

난 오늘 많은 일을 했다. 빨래도 하고 청소도 했다. 영어 공부도 했고, 그림도 그렸다! 아주 생산적인 하루였다.

Try!

_____

_____

_____

Notes

#Total Study Time: #Achievement: ☆☆☆☆☆

Restart Challenge 정답   I have finished the book. / We have decided to move. /
I have known him for 10 years. / She has learned so much.

Vocabulary Check

비추다, 반사하다, 나타내다	→
치우다, 벗다	→
상처, 부상, 상처를 입히다	→
의견, 견해	→
낭비, 낭비하다	→

have not+p.p.

현재완료의 부정입니다. 주어가 3인칭 단수일 때는 have를 has로 바꿔 써 주세요. have not을 줄여 haven't, has not을 줄여 hasn't로 많이 씁니다. 과거부터 지금까지 하지 않은 일에 대해서 이야기할 수 있어요. 우리말로 해석했을 때 '~을 하지 않았다', '~한 적이 없다' 정도의 의미입니다.

Examples

I **haven't had** breakfast yet. 나는 아직 아침을 먹지 않았다.

We **haven't seen** each other in weeks. 우리는 몇 주 동안 서로를 보지 못했다.

She **hasn't done** her homework yet. 그녀는 아직 숙제를 하지 않았다.

They **haven't tried** it before. 그들은 전에 그것을 시도해 본 적이 없다.

Restart Challenge

나는 아직 저녁을 먹지 않았다. →

우리는 몇 주 동안 그를 보지 못했다. →

그녀는 아직 아무것도 하지 않았다. →

그들은 전에 그것을 사용해본 적이 없다. →

dinner 저녁 식사 | done do의 과거분사형 | used use의 과거분사형

Vocabulary

- ☐ shout 고함, 외치다, 소리 지르다
- ☐ guest 손님, 하객, 투숙객
- ☐ fortunately 다행스럽게도, 운 좋게도
- ☐ desert 사막, 버리다, 저버리다
- ☐ pole 막대기, 기둥, 장대, 극

Writing Practice

Sample We <u>haven't seen</u> each other in weeks. He's been extremely busy these days, and I was at my mom's house for the weekend. We have a lot to catch up on.

우리는 몇 주째 못 보고 있다. 그는 요즘 엄청나게 바쁘고, 나는 주말 동안 친정에 있었다. 우리는 밀린(따라 잡을) 얘기가 많다.

Try!

Notes

#Total Study Time: #Achievement: ☆☆☆☆☆

Restart Challenge 정답   I haven't had dinner yet. / We haven't seen him in weeks. /
She hasn't done anything yet. / They haven't used it before.

Vocabulary Check

막대기, 기둥, 장대, 극	→
사막, 버리다, 저버리다	→
다행스럽게도, 운 좋게도	→
손님, 하객, 투숙객	→
고함, 외치다, 소리 지르다	→

DAY 43 #표현 #쓰기 #~이 있다 #there is

There is+단수 주어
There are+복수 주어

There is/are는 '~이 있다'라는 의미예요. 이 표현에서 there
은 아무 의미가 없고, 문장의 주어도 아닙니다. be동사 다음
에 오는 것이 주어예요. 주어가 단수이면 is를, 복수면 are
를 써 주세요. 과거형으로 쓸 때는 be동사의 과거형인 was,
were를 쓰면 됩니다.

Examples

There is a present in your room. 네 방에 선물이 하나 있다.

There are some things I really want to buy. 내가 정말 사고 싶은 것들이 있다.

There was a mistake. 실수가 하나 있었다.

There were no cars in the parking lot. 주차장에 차가 하나도 없었다.

Restart Challenge
#응용 #도전

네 방에 거미가 한 마리 있다. →

내가 정말 싫어하는 것이 두 개 있다. →

문제가 하나 있었다. →

도로에 차가 하나도 없었다. →

spider 거미 | hate 싫어하다 | problem 문제 | on the road 도로에

Vocabulary
#오늘의 단어 #하루 다섯 단어 #암기

☐ detective 형사, 탐정, 수사관

☐ since ~ 이후로, ~ 때문에

☐ various 여러 가지의

☐ rub 문지르다, 비비다

☐ northern 북쪽의

Writing Practice

Sample   Yesterday, we went to a beach because <u>there was no school</u>. It wasn't easy taking care of the kids by myself, but watching them having fun made me so happy. We all had a great time.

어제 아이들이 학교에 가지 않아도 돼(학교 수업이 없어서) 해변에 다녀왔다. 혼자서 아이들을 돌보는 게 쉽지는 않았지만 아이들이 즐거워 하는 걸 보니 행복했다. 우리 모두 즐거운 시간을 보냈다.

Try!

___

___

___

Notes

#Total Study Time: #Achievement: ☆☆☆☆☆

Restart Challenge 정답   There is a spider in your room. / There are two things I really hate. / There was a problem. / There were no cars on the road.

Vocabulary Check

북쪽의	→
문지르다, 비비다	→
여러 가지의	→
~ 이후로, ~ 때문에	→
형사, 탐정, 수사관	→

DAY 44　#표현 #쓰기 #비인칭주어 #it

비인칭주어 it

it에는 두 가지 의미가 있어요. 먼저 우리가 잘 아는 '그것'이라는 뜻의 대명사 it이 있습니다. 그리고 비인칭주어라고 해서 특별한 의미 없이 날씨, 날짜, 요일, 시간, 거리, 명암, 계절 등을 나타낼 때 쓰는 it이 있습니다. 비인칭주어 it은 주어 자리를 채우기 위해서 사용하기 때문에 따로 해석은 하지 않습니다.

Examples

It has been a while. 시간이 꽤 흘렀다(오랜만이야).

It's getting late. 시간이 늦어지고 있다.

It's only Tuesday. 겨우 화요일밖에 안 됐어.

It was really warm today. 오늘은 날이 정말 따뜻했다.

Restart Challenge　　　　　　　　　　　　　　　#응용 #도전

한 달이 흘렀다(한 달만이다).　→

밖이 어두워지고 있다.　→

아직도 목요일이야.　→

오늘은 날이 정말 추웠다.　→

month 월, 달 | outside 밖에 | still 아직 | Thursday 목요일

Vocabulary　　　　　　　　　　#오늘의 단어 #하루 다섯 단어 #암기

☐ **language** 언어, 말

☐ **contribute** 기여하다, ~의 원인이 되다

☐ **confident** 자신감 있는, 확신하는

☐ **calm** 침착한, 차분한, 잔잔한

☐ **advertise** 광고하다, 알리다

Writing Practice

Sample   It was really nice and warm this morning. My daughter said it's going to snow because she can smell it. No one believed her until it started snowing. I guess my daughter has a superpower.

오늘 아침은 날이 정말 따뜻하고 좋았다. 우리 딸이 눈 냄새가 난다며 눈이 올 것이라고 했다. 아무도 믿지 않았는데 눈이 내리기 시작했다. 우리 딸에게 초능력이 있나 보다.

Try!

Notes

#Total Study Time: #Achievement: ☆☆☆☆☆

Restart Challenge 정답   It's been a month. / It's getting dark outside. / It's still Thursday. /
It was really cold today.

Vocabulary Check

광고하다, 알리다	→
침착한, 차분한, 잔잔한	→
자신감 있는, 확신하는	→
기여하다, ~의 원인이 되다	→
언어, 말	→

DAY 45　#표현 #쓰기 #분사구문

v-ing ~

동사에 ing를 붙이면 크게 두 가지 문법을 만들 수 있어요. 명사처럼 쓰이는 동명사와, 형용사나 부사처럼 쓰이는 현재분사입니다. 오늘 연습할 현재분사는 분사구문이라고 해서 v-ing로 시작하는 덩어리를 이용해 문장에 시간, 이유, 조건, 양보(~임에도 불구하고), 부대 상황 등 다양한 의미를 더해 줍니다.

Examples

Looking at the rain, I thought about the day. 비를 보며 나는 그 날을 생각했다.

Being new to the area, I didn't have friends. 이 지역은 처음이라서 나는 친구가 없었다.

I fell asleep **reading a book**. 나는 음악을 들으며 걷고 있었다.

We spent hours **searching for the shop**. 우리는 그 가게를 찾느라 몇 시간을 보냈다.

Restart Challenge　　　　　　　　　　　　　　　　　　#응용 #도전

그들을 보며 나는 행복했다.　　　　→

이 지역은 처음이라서 나는 외로웠다.　　→

나는 음악을 들으며 일을 하고 있었다.　　→

그는 숙제를 끝마치는 데 몇 시간을 보냈다.　→

them 그들을 | lonely 외로운 | work 일하다 | finish 마치다 | his homework 그의 숙제

Vocabulary　　　　　　　　　　　#오늘의 단어 #하루 다섯 단어 #암기

☐ **squirrel** 청설모, 다람쥐

☐ **physical** 육체의, 물질적인, 신체검사

☐ **dig** 파다, 땅을 파다, 쿡 찌르기

☐ **hurry** 서두르다, 급함

☐ **sick** 아픈, 병든, 싫증난

Writing Practice

Sample <u>Being new to the area,</u> I didn't have friends at all. I've got to know some of the parents of my daughter's classmates. They were so nice and kind. I love spending time with them.

이 지역은 처음이라 나는 친구가 전혀 없었다. 딸의 반 친구들의 부모님들을 몇 명 알게 됐는데, 참 다정하고 친절했다. 그들과 함께 시간을 보내는 것이 너무 좋다.

Try!

Notes
#Total Study Time: #Achievement: ☆☆☆☆☆

Restart Challenge 정답 Looking at them, I was happy. / Being new to the area, I was lonely. /
I was working listening to music. / He spent hours finishing his homework.

Vocabulary Check

아픈, 병든, 싫증난	→
서두르다, 급함	→
파다, 땅을 파다, 쿡 찌르기	→
육체의, 물질적인, 신체검사	→
청설모, 다람쥐	→

DAY 46 #표현 #쓰기 #접속사 #when

when+문장

when은 '~할 때'라는 의미를 가지고 있습니다. when덩어리와 진짜 문장을 연결하는 기능을 가지고 있어서 when을 문법에서는 '접속사'라고 부릅니다. 접속이 이어준다는 의미이죠. 워낙 자주 사용되는 패턴입니다. 문장을 통해서 연습해 보세요.

Examples

He was vacuuming **when I arrived**. 내가 도착했을 때 그는 청소기를 돌리고 있었다.

I used to be really cute **when I was young**. 나는 어렸을 때 정말 귀여웠었다.

When I'm sick, I can't handle many things. 아플 때 나는 많은 일을 처리할 수 없다.

When he came home, I was making dinner. 그가 집에 왔을 때 나는 저녁을 만들고 있었다.

Restart Challenge

#응용 #도전

내가 도착했을 때 그는 울고 있었다. →

나는 어렸을 때 말랐었다. →

피곤할 때 나는 많이 못 먹는다. →

그가 집에 왔을 때 나는 TV를 보고 있었다. →

cry 울다 | skinny 마른, 앙상한 | tired 피곤한 much 많이 | watch 보다

Vocabulary

#오늘의 단어 #하루 다섯 단어 #암기

☐ **soul** 영혼, 마음, 정신

☐ **drive** 진입로, 운전하다, (특정 행동을 하도록) 몰아가다

☐ **each** 각각, 각자

☐ **truth** 사실, 진실, 진리

☐ **universe** 우주, 은하계, 세계

Writing Practice

Sample When I was young, I spent a lot of time with my grandparents. They always looked after me. I really miss them.

나는 어렸을 때 할아버지, 할머니와 함께 시간을 많이 보냈었다. 그분들은 항상 나를 보살펴 주셨다. 할아버지, 할머니가 정말 그립다.

Try!

Notes
#Total Study Time: #Achievement: ☆☆☆☆☆

Restart Challenge 정답 He was crying when I arrived. / I used to be skinny when I was young. /
When I'm tired, I can't eat much. / When he came back home, I was watching TV.

Vocabulary Check

우주, 은하계, 세계	→
사실, 진실, 진리	→
각각, 각자	→
진입로, 운전하다, (특정 행동을 하도록) 몰아가다	→
영혼, 마음, 정신	→

DAY 47 #표현 #쓰기 #접속사 #if

if + 문장

많이들 익숙하실 접속사 if입니다. '만약 ~이라면'이라는 의미를 가지고 있어요. 한 가지 주의할 점이 있다면, 때나 조건을 나타낼 때는 주절이 미래시제더라도 종속절은 현재시제로 쓴다는 것입니다. 어렵게 느껴질 수 있지만 우리말과 똑같아요. '~할 것이면 …할 것이다'가 아니라 '~하면 …할 것이다'라고 하죠? 영어도 마찬가지라 보시면 됩니다.

Examples

If you want, you can leave. 원한다면 떠나도 돼.

If you don't open the door, I'll kick it open. 문 안 열면 발로 차서 열 거야.

Let me know **if he calls**. 그가 전화하면 나에게 알려 줘.

Everything will be fine **if we trust each other**. 우리가 서로를 믿는다면 다 괜찮을 거야.

Restart Challenge

#응용 #도전

원한다면 지금 먹어도 돼. →

정답을 모르면 내가 도와줄게. →

필요한 게 있으면 나에게 알려 줘. →

네가 내 말을 들으면 다 괜찮을 거야. →

don't know 모르다 | answer 정답 | need 필요로 하다 | listen to ~을 듣다

Vocabulary

#오늘의 단어 #하루 다섯 단어 #암기

☐ **announce** 발표하다, 알리다, 선언하다

☐ **effective** 효과적인, 실질적인, 사실상의

☐ **lifetime** 일생, 생애

☐ **alone** 혼자, 단독으로

☐ **disease** 질병, 질환

Writing Practice

Sample   I know my son will get good grades <u>if he studies hard</u>. But the thing is, he doesn't like to study hard. He's often distracted by games and his friends.

우리 아들이 열심히 공부한다면 좋은 점수를 받을 거라는 것을 안다. 하지만 문제는 이 아이가 공부를 열심히 하고 싶어하지 않는다는 것이다. 게임이며 친구며 자주 산만해진다.

Try!

Notes

#Total Study Time: ___   #Achievement: ☆☆☆☆☆

Restart Challenge 정답   If you want, you can eat now. / If you don't know the answer, I'll help you. / Let me know if you need anything. / Everything will be fine if you listen to me.

Vocabulary Check

질병, 질환	→
혼자, 단독으로	→
일생, 생애	→
효과적인, 실질적인, 사실상의	→
발표하다, 알리다, 선언하다	→

109

DAY 48 #표현 #쓰기 #접속사 #although

although+문장

'~임에도 불구하고'라는 의미의 접속사입니다. 영어에서는 이 표현을 '양보'라고도 불러요. 영어에서 양보의 표현을 가진 접속사는 although, though, even though 정도가 있습니다. 다소 의미가 독특하기 때문에 충분히 연습해 주세요.

Examples

Although I was tired, I kept working. 나는 피곤했지만 계속 일했다.

Although we are sisters, we're totally different. 우리는 자매지만 완전 다르다.

He's healthy, **although he is very old**. 그는 아주 나이가 많지만 건강하다.

I feel lonely, **although I have many friends**. 나는 친구가 많지만 외롭다.

Restart Challenge   #응용 #도전

나는 피곤했지만 계속 공부했다.   →

우리는 친구지만 완전 다르다.   →

그는 매우 나이가 많지만 젊어 보인다.   →

나는 친구가 없지만 외롭지 않다.   →

study 공부하다 | friend 친구 | look young 젊어 보이다

Vocabulary   #오늘의 단어 #하루 다섯 단어 #암기

☐ **patient** 환자, 참을성 있는

☐ **concentration** 집중

☐ **charity** 자선 단체, 너그러움, 관용

☐ **worry** 걱정하다, 걱정시키다

☐ **develop** 성장하다, 개발하다

Writing Practice

Sample A new family moved into my apartment building. <u>Although we are neighbors</u>, we seldom see each other. Maybe I should go talk to them first. We could be good friends!

우리 아파트 건물에 새로운 가족이 이사 왔다. 이웃이지만 좀처럼 만나지는 못한다. 내가 먼저 가서 말을 걸어봐야 할지도 모르겠다. 좋은 친구가 될 수도 있을 것이다!

Try!

Notes

#Total Study Time: #Achievement: ☆☆☆☆☆

Restart Challenge 정답   Although I was tired, I kept studying. / Although we are friends, we're totally different. / He looks young, although he is very old. / I don't feel lonely, although I have no friends.

Vocabulary Check

성장하다, 개발하다	→
걱정하다, 걱정시키다	→
자선 단체, 너그러움, 관용	→
집중	→
환자, 참을성 있는	→

DAY 49 #표현 #쓰기 #~을 해야 하다 #have to

have to+동사원형

have to는 '~해야 하다'라는 의미로, 의무를 나타냅니다. have to와 must는 기본적으로 비슷한 의미를 갖고 있지만, must가 좀 더 강력한 의무를 나타내는 느낌이 있습니다. 주어가 3인칭 단수일 때는 have 대신 has를 써요.

Examples

I **have to go** in a minute. 나 1분 있다 가야 해(금방 가야 해).

I **have to finish** the laundry first. 나 빨래 먼저 끝내야 해.

We **have to get** back to the hotel. 우리는 호텔로 돌아가야 해.

He **has to work** today. 그는 오늘 일해야 해.

Restart Challenge

#응용 #도전

나 지금 당장 가야 해.   →

나 이것을 먼저 끝내야 해.   →

우리는 학교로 돌아가야 해.   →

그는 오늘 공부해야 해.   →

right now 지금 당장 | school 학교

Vocabulary

#오늘의 단어 #하루 다섯 단어 #암기

☐ talent 재능, 장기, 재주 있는 사람

☐ virtue 미덕, 덕목, 장점

☐ fall 떨어짐, 폭포, 가을, 떨어지다

☐ regular 정기적인, 잦은, 보통의

☐ object 물건, 목적, 반대하다

Writing Practice

Sample   I'm really tired, but I <u>have to remove</u> my makeup before I go to bed. I <u>have to follow</u> my night routine. If I don't, I'll regret it tomorrow morning.

정말 피곤하지만 잠들기 전에 화장을 지워야 한다. 내 저녁 루틴을 따라야 한다. 그렇지 않으면 내일 아침에 후회할 것이다.

Try!

Notes

#Total Study Time: #Achievement: ☆☆☆☆☆

Restart Challenge 정답   I have to go right now. / I have to finish this first. / We have to get back to school. / He has to study today.

Vocabulary Check

물건, 목적, 반대하다	→
정기적인, 잦은, 보통의	→
떨어짐, 폭포, 가을, 떨어지다	→
미덕, 덕목, 장점	→
재능, 장기, 재주 있는 사람	→

DAY 50 #표현 #쓰기 #~할 필요가 없다

don't have to +동사원형

have to를 부정한 표현인데 '~하면 안 되다'가 아니라 '~할 필요가 없다'라는 뜻입니다. 주어가 3인칭 단수일 때는 don't 대신 doesn't를, 과거형으로 쓸 때는 didn't를 사용합니다. must not은 '~해서는 안 되다'라는 금지를 나타냅니다. 함께 익혀주세요.

Examples

I **don't have to work** today. 나는 오늘 일하지 않아도 된다.

You **don't have to worry** about me. 내 걱정을 하지 않아도 된다.

She **doesn't have to apologize**. 그녀는 사과할 필요가 없다.

He **didn't have to say** that. 그가 그렇게 말할 필요는 없었다.

Restart Challenge

#응용 #도전

나는 오늘 떠나지 않아도 된다.　　　　→

나한테 그것에 대해 말하지 않아도 된다.　→

그녀는 설명하지 않아도 된다.　　　　→

그가 그렇게 할 필요는 없었다.　　　　→

leave 떠나다 | tell 말하다 | explain 설명하다

Vocabulary

#오늘의 단어 #하루 다섯 단어 #암기

☐ **occur** 일어나다, 발생하다

☐ **whistle** 호루라기, 호각 소리, 휘파람을 불다

☐ **lie** 거짓말, 거짓말하다, 누워 있다, (어떤 상태로) 있다

☐ **license** 자격증, 허가하다

☐ **faithful** 충실한, 신의 있는

114

Writing Practice

Sample Today I took a day off. It means I'm free from work and housework too. I don't have to work! I don't have to cook! I'm going to spend the whole day relaxing and reading.

오늘 나는 하루 쉬기로 했다. 회사 일에서도, 집안일에서도 자유롭다는 뜻이다. 일하지 않아도 된다! 요리하지 않아도 된다! 하루 종일 느긋하게 쉬고 책을 읽으며 시간을 보낼 생각이다.

Try!

Notes

#Total Study Time: #Achievement: ☆☆☆☆☆

Restart Challenge 정답 I don't have to leave today. / You don't have to tell me about it. / She doesn't have to explain. / He didn't have to do that.

Vocabulary Check

충실한, 신의 있는	→
자격증, 허가하다	→
거짓말, 거짓말하다, 누워 있다, (어떤 상태로) 있다	→
호루라기, 호각 소리, 휘파람을 불다	→
일어나다, 발생하다	→

You are never too old
to set another goal
or to dream a new dream.
- C. S. Lewis

. . . .

새로운 목표를 세우거나
새로운 꿈을 꿈꾸기에
너무 늦은 나이란 없다.

- C. S. 루이스

DAY 51 #표현 #쓰기 #~을 원하다

would like + to-v 명사

would like는 '~을 원하다, ~을 하고 싶다'라는 의미예요. want와 같은 의미지만 조금 더 부드럽게 말하는 느낌입니다. 뒤에 주로 명사나 to부정사를 써요. 대화에서는 I would를 짧게 줄여 I'd라고 간단히 말합니다.

Examples

I **would like to try** it. 나는 그것을 시도해 보고 싶어.

I **would like to watch** a movie. 나는 영화를 보고 싶어.

I **would like something** to read. 나는 뭔가 읽을 것을 원해.

I **would like a glass** of milk. 나는 우유 한 잔을 원해.

Restart Challenge

#응용 #도전

나는 그것을 보고 싶어.	→
나는 영화를 만들고 싶어.	→
나는 뭔가 먹을 것을 원해.	→
나는 물 한 잔을 원해.	→

see 보다 | make 만들다 | eat 먹다 | water 물

Vocabulary

#오늘의 단어 #하루 다섯 단어 #암기

☐ **far** 멀리, 저쪽의

☐ **examination** 조사, 검토, 검사

☐ **independent** 독립적인, 자립심이 강한

☐ **frustrate** 좌절시키다, 방해하다

☐ **pair** 쌍, 짝, 짝을 짓다

Writing Practice

Sample I know it's kind of late, but I would like to try it. People say it's better late than never! I would like to give it a chance. I'm excited about everything.

조금 늦었다는 걸 알지만, 그래도 한번 시도해 보고 싶다. 아예 안 하는 것보다 늦더라도 하는 게 낫다고들 하니까! 한번 기회를 줘 보고 싶다. 모든 것이 기대된다.

Try!

Notes

#Total Study Time: #Achievement: ☆☆☆☆☆

Restart Challenge 정답   I would like to see it. / I would like to make a movie. / I would like something to eat. / I would like a glass of water.

Vocabulary Check

쌍, 짝, 짝을 짓다	→
좌절시키다, 방해하다	→
독립적인, 자립심이 강한	→
조사, 검토, 검사	→
멀리, 저쪽의	→

DAY 52 #표현 #쓰기 #차라리 ~ 하겠다

would rather
+동사원형

would rather은 '차라리 ~ 하겠다'라는 의미입니다. 선택의 상황에서 자신의 선택에 대한 의견을 나타냅니다. '~을 안 하겠다'라고 부정하고 싶을 때는 rather 뒤에 not을 넣어요. 어떤 것보다 더 나은 선택인지를 비교해서 말하고 싶다면 동사 뒤에 than+비교 대상을 덧붙여 말할 수 있어요.

Examples

I **would rather not talk** about it. 그것에 대해선 말하지 않는 게 낫겠어.

I **would rather stay** home. 차라리 집에 있을래.

I **would rather walk than** wait for the next bus. 다음 버스를 기다리느니 차라리 걸을래.

I **would rather drink** water **than** tea. 차 마시느니 물 마실래.

Restart Challenge   #응용 #도전

그것에 대해선 모르고 있는 게 낫겠어. →

차라리 밖에 나갈래.   →

기차 타느니 운전할래.   →

술 마시러 가느니 집에 갈래.   →

know 알다 | go out 밖에 나가다 | take the train 기차를 타다 | go drinking 술 마시러 가다

Vocabulary   #오늘의 단어 #하루 다섯 단어 #암기

☐ **eager** 열렬한, 간절히 바라는

☐ **observe** ~을 보다, 관찰하다

☐ **boring** 지루한, 재미없는

☐ **excellent** 훌륭한, 탁월한, 아주 좋아

☐ **government** 정부, 정권, 행정

Writing Practice

Sample I was supposed to go out with my husband, but it's too cold today. I would rather stay home and warm myself in bed than freeze to death. I wish he would agree with me.

원래 남편과 밖에 나가기로 했었는데, 오늘 너무 춥다. 얼어 죽느니 집에 있으면서 침대 속에서 몸을 녹이겠다. 남편도 동의했으면 좋겠다.

Try!

___

___

___

Notes

#Total Study Time: #Achievement: ☆☆☆☆☆

Restart Challenge 정답 I would rather not know about it. / I would rather go out. / I would rather drive than take the train. / I would rather go home than go drinking.

Vocabulary Check

정부, 정권, 행정	→
훌륭한, 탁월한, 아주 좋아	→
지루한, 재미없는	→
~을 보다, 관찰하다	→
열렬한, 간절히 바라는	→

DAY 53 #표현 #쓰기 #후회 #~ 했어야 했는데

should have +p.p.

우리는 자주 과거를 후회하죠. 그럴 때 사용할 수 있는 표현입니다. '~해야 했는데 하지 못했다'라는 의미예요. 반대로 '~을 하지 말았어야 했는데'를 말하고 싶다면 should not have p.p.를 사용합니다.

Examples

I **should have listened** to her. 그녀의 말을 들었어야 했다.

We **should have reassured** them. 우리는 그들을 안심시켰어야 했다.

I **shouldn't have said** it like that. 그렇게 말하지 말았어야 했다.

I **shouldn't have eaten** the ice cream. 그 아이스크림을 먹지 말았어야 했다.

Restart Challenge   #응용 #도전

그녀에게 말했어야 했다.   →

우리는 그들을 기다렸어야 했다.   →

우리 그렇게 떠나지 말았어야 했다. →

그 초콜릿을 먹지 말았어야 했다.   →

told tell의 과거분사형 | waited wait의 과거분사형 | left leave의 과거분사형

Vocabulary   #오늘의 단어 #하루 다섯 단어 #암기

☐ **inside** ~ 안에, ~ 안으로

☐ **research** 연구, 조사, 연구하다

☐ **either** (둘 중) 하나, 각각, ~ 또한

☐ **similar** 유사한, 닮은

☐ **space** 공간, 간격을 두다

Writing Practice

Sample I made a very bad decision. I <u>should have listened</u> to my boss. I should have made a better choice.

나는 아주 나쁜 결정을 내렸다. 상사의 말을 들었어야 했다. 더 나은 선택을 했어야만 했다.

Try!

Notes

#Total Study Time: #Achievement: ☆☆☆☆☆

Vocabulary Check

공간, 간격을 두다	→
유사한, 닮은	→
(둘 중) 하나, 각각, ~ 또한	→
연구, 조사, 연구하다	→
~ 안에, ~ 안으로	→

DAY 54 #표현 #쓰기 #~해지다

get+형용사

get은 '얻다', '받다'라는 의미의 단어로 많이 외우셨을 거예요. 하나의 동사에도 다양한 의미가 있답니다. get 다음에 형용사를 이어서 쓰면 '상태의 변화'를 나타낼 수 있어요.

Examples

I'm **getting used** to it. 나는 그것에 점점 익숙해지고 있다.

Don't **get upset**. 속상해 하지 마.

It's **getting colder**. 날씨가 점점 추워지고 있다.

I **got lost** on the way back to the hotel. 나는 호텔로 돌아오는 길에 길을 잃었다.

Restart Challenge
#응용 #도전

나는 점점 나아지고 있다. →

화내지 마. →

날씨가 점점 따뜻해지고 있다. →

나는 호텔로 돌아오는 길에 배가 고파졌다. →

better 더 나은 | angry 화난 | warmer 더 따뜻한 | hungry 배고픈

Vocabulary
#오늘의 단어 #하루 다섯 단어 #암기

☐ debate 토론, 논쟁, 논의하다

☐ empty 비어 있는, 공허한, 비우다

☐ twice 두 번, 두 배로

☐ public 대중, 대중의, 공공의

☐ anxious 염려하는, 불안하게 하는, 열망하는

Writing Practice

Sample Time does fly! Sometimes I <u>get sad</u> that my children get older. I want them to be my babies for longer. I just love them so much.

시간 정말 빠르다! 나는 가끔 내 아이들이 점점 자라는 것이 슬퍼진다. 아이들이 더 오랫동안 나의 아기들이었으면 좋겠다. 나는 아이들을 너무나 사랑한다.

Try!

Notes

#Total Study Time:

#Achievement: ☆☆☆☆☆

Restart Challenge 정답 I'm getting better. / Don't get angry. / It's getting warmer. /
I got hungry on the way back to the hotel.

Vocabulary Check

염려하는, 불안하게 하는, 열망하는 →

대중, 대중의, 공공의 →

두 번, 두 배로 →

비어 있는, 공허한, 비우다 →

토론, 논쟁, 논의하다 →

DAY 55 #표현 #쓰기 #노력해왔다

have been trying + to-v + 명사

try는 '시도하다, 노력하다'라는 뜻의 단어입니다. 이 단어를 현재완료진행시제인 have been+v-ing로 쓰면 과거부터 지금까지 노력하고 있는 것을 표현할 수 있어요. 어떤 일을 위해서 지속적으로 노력했고, 지금도 노력하고 있을 때 사용할 수 있는 표현입니다.

Examples

I**'ve been trying to find** happiness. 나는 행복을 찾으려 노력해왔다.

We**'ve been trying to contact** him. 우리는 그에게 연락하려고 노력해왔다.

I**'ve been trying everything** I can. 나는 내가 할 수 있는 모든 것을 시도해왔다.

We**'ve been trying something** new. 우리는 새로운 것을 시도해왔다.

Restart Challenge
#응용 #도전

나는 이 노래를 찾으려 노력해왔다. →

우리는 그를 보호하려고 노력해왔다. →

나는 내가 좋아하는 모든 것을 시도해왔다. →

우리는 재미있는 것을 시도해왔다. →

song 노래 | protect 보호하다 | like 좋아하다 | fun 재미있는

Vocabulary
#오늘의 단어 #하루 다섯 단어 #암기

☐ **gaze** 시선, 응시하다

☐ **grass** 풀, 잔디

☐ **wage** 임금, 급여

☐ **experience** 경험, 경력, 경험하다

☐ **hesitate** 망설이다, 거리끼다

Writing Practice

Sample I've been trying so hard to lose weight because I gained a lot after vacation. I've been trying to eat less than I used to. I want to stay fit.

나는 살을 빼려고 굉장한 노력을 하고 있다. 휴가가 끝나고 살이 많이 쪘기 때문이다. 예전보다 덜 먹으려고 노력하고 있다. 건강한 몸을 유지하고 싶다.

Try!

Notes

#Total Study Time: #Achievement: ☆☆☆☆☆

Restart Challenge 정답 I've been trying to find this song. / We've been trying to protect him. / I've been trying everything I like. / We've been trying something fun.

Vocabulary Check

망설이다, 거리끼다	→
경험, 경력, 경험하다	→
임금, 급여	→
풀, 잔디	→
시선, 응시하다	→

DAY 56 #표현 #쓰기 #~을 좋아하다 #like

명사
like+ to-v
v-ing

다들 아실만한 동사 like입니다. like라는 단어는 알지만 어떻게 써야할 지, 뒤에 오는 단어는 어떻게 써야하는지 아시나요? 오늘 함께 연습해 봅시다. like 뒤에는 명사, to부정사, 동명사를 쓸 수 있어요. 예문과 함께 익혀 볼까요?

Examples

I **like your idea**. 나는 너의 생각이 좋다.

He **likes the toy** so much. 그는 그 장난감을 무척 좋아한다.

We **like to watch** movies. 우리는 영화 보는 것을 좋아한다.

She **likes trying** new things. 그녀는 새로운 것들을 도전하는 것을 좋아한다.

Restart Challenge   #응용 #도전

네 머리가 마음에 든다(예쁘다).   →

그들은 너를 무척 좋아한다.   →

우리는 책 읽는 것을 좋아한다.   →

그녀는 등산을 좋아한다.   →

hair 머리카락 | read 책을 읽다 | hike 등산을 하다

Vocabulary   #오늘의 단어 #하루 다섯 단어 #암기

☐ **strength** 힘, 강점

☐ **treat** 대하다, 다루다, 치료하다, 한턱 내다

☐ **scientific** 과학적인, 과학의

☐ **nap** 낮잠, 잠깐 자다

☐ **pray** 기도하다, 기원하다

Writing Practice

#표현 활용 #연습

Sample   I like cooking for my family because they love my food. I like to try new recipes. I'm going to cook pasta for dinner tonight.

난 우리 가족을 위해 요리하는 것을 좋아한다. 가족들이 내 요리를 좋아해 주기 때문이다. 나는 새로운 요리법들을 시도하는 것을 좋아한다. 오늘은 저녁으로 파스타를 요리해 볼 예정이다.

Try!

Notes

#Total Study Time: #Achievement: ☆☆☆☆☆

Restart Challenge 정답   I like your hair. / They like you so much. / We like to read. / She likes hiking.

Vocabulary Check

#오늘의 단어 #테스트

기도하다, 기원하다	→
낮잠, 잠깐 자다	→
과학적인, 과학의	→
대하다, 다루다, 치료하다, 한턱 내다	→
힘, 강점	→

DAY 57 #표현 #쓰기 #~을 싫어하다 #hate

hate + 명사 / to-v / v-ing / (that) 문장

hate는 '싫어하다'라는 의미의 동사입니다. 동사 like와 마찬가지로 뒤에 명사, to부정사, 동명사, 그리고 문장을 이어서 쓸 수 있어요. 문장을 이어 쓸 때는 that을 같이 쓰는 경우가 많습니다.

Examples

She **hates carrots**. 그녀는 당근을 싫어한다.

We **hate to waste** time. 우리는 시간 낭비하는 것이 싫다.

I **hate being** late. 나는 늦는 것을 싫어한다.

I **hate that I spent so much money**. 내가 돈을 너무 많이 쓴 것이 싫다.

Restart Challenge
#응용 #도전

그녀는 그 영화를 싫어한다. →

나는 기다리는 것이 싫다. →

그녀는 혼자 있는 것을 싫어한다. →

나는 그가 담배 피우는 것이 싫다. →

movie 영화 | wait 기다리다 | alone 혼자 있는 | smoke 담배를 피다

Vocabulary
#오늘의 단어 #하루 다섯 단어 #암기

☐ **cost** 값, 비용이 들다

☐ **solve** 해결하다, 풀다

☐ **greedy** 욕심 많은, 탐욕스러운

☐ **match** 성냥, 시합, 어울리다, 맞먹다

☐ **border** 국경, 가장자리

Writing Practice

Sample I actually like Minji's boyfriend. He's good-looking and nice to Minji. My husband <u>hates him</u> just because he is our daughter's boyfriend.

사실 난 민지의 남자친구가 마음에 든다. 잘생겼고 민지에게 잘해준다. 내 남편은 딸의 남자친구라는 이유만으로 그 애를 싫어한다.

Try!

Notes

#Total Study Time: #Achievement: ☆☆☆☆☆

Restart Challenge 정답 She hates the movie. / I hate to wait. / She hates being alone. / I hate that he smokes.

Vocabulary Check

국경, 가장자리	→
성냥, 시합, 어울리다, 맞먹다	→
욕심 많은, 탐욕스러운	→
해결하다, 풀다	→
값, 비용이 들다	→

think + (that) 문장 / about 명사 / of 명사

생각을 나타낼 때 많이 사용하는 동사 think입니다. think about/of를 사용해 간단하게 나타내기도 하지만, 주로 문장을 이어서 사용해요. 문장 앞의 that은 생략되는 경우도 많습니다.

Examples

My mom **thinks I'm still a baby**. 우리 엄마는 내가 아직도 아기라고 생각한다.

I **thought it was a good idea**. 나는 그게 좋은 생각이라 생각했다.

I'm **thinking about what to wear** tomorrow. 나는 내일 무엇을 입을지 생각 중이다.

Always **think of yourself** first. 항상 너 자신을 먼저 생각해.

Restart Challenge　　　　　　　　　　　　　　　　#응용 #도전

우리 엄마는 내가 그녀에게 거짓말했다고 생각한다.　→

나는 이게 네 것인 줄 알았다.　　　　　　　→

나는 무엇을 먹을지 생각 중이다.　　　　　　→

항상 네 가족을 먼저 생각해.　　　　　　　　→

lie to ~에게 거짓말하다 | yours 너의 것 | eat 먹다 | family 가족

Vocabulary　　　　　　　　　#오늘의 단어 #하루 다섯 단어 #암기

☐ **planet** 행성, 세상

☐ **loud** (소리가) 큰, 시끄러운

☐ **competent** 능숙한, (수준이) 만족할 만한

☐ **fair** 타당한, 공정한, 상당한, 박람회

☐ **silly** 어리석은, 유치한, 우스꽝스러운

Writing Practice

Sample　I think about him all the time. Even when I'm working, I can't stop thinking about him. I think I fell in love with my husband again.

나는 항상 그를 생각한다. 심지어 일을 할 때도 그에 대한 생각을 떨쳐버릴 수 없다. 남편과 또다시 사랑에 빠진 것 같다.

Try!

Notes

#Total Study Time:　　　　　　　　　　　　　　#Achievement: ☆☆☆☆☆

Restart Challenge 정답　My mom thinks I lied to her. / I thought it was yours. /
I'm thinking about what to eat. / Always think of your family first.

Vocabulary Check

어리석은, 유치한, 우스꽝스러운 →

타당한, 공정한, 상당한, 박람회 →

능숙한, (수준이) 만족할 만한　→

(소리가) 큰, 시끄러운　　　　→

행성, 세상　　　　　　　　　→

know + (about) 명사 (that) 문장

'~을 알다'라는 뜻의 단어 know는 뒤에 명사나 문장을 이어 주로 사용합니다. 명사 앞에는 '~에 대해'이라는 뜻을 가진 전치사 about을 함께 쓸 수도 있어요.

Examples

I **know a good place**. 내가 좋은 곳을 안다.

She **knows them** well. 그녀는 그들을 잘 안다.

We **knew we did something wrong**. 우리는 우리가 무언가 잘못했다는 것을 알았다.

I **knew he would say that**. 나는 그가 그 말을 할 줄 알았다.

Restart Challenge   #응용 #도전

그들은 좋은 작가들을 알고 있다.   →

우리는 너를 잘 안다.   →

우리는 네가 거짓말한 것을 알고 있었다.   →

나는 그들이 그럴 줄 몰랐다.   →

writer 작가 | lie 거짓말하다

Vocabulary   #오늘의 단어 #하루 다섯 단어 #암기

☐ ride (말, 차량 등을) 타다

☐ thick 두꺼운, 굵은, 빽빽한, 짙은, 두껍게

☐ unusual 특이한, 흔치 않은

☐ enough 충분한, 충분히

☐ arrest 체포, 체포하다

Writing Practice

Sample I know I made a mistake, but I didn't mean it. I know they are really mad, but I really want a second chance. I will do my best to make it up to them.

내가 실수를 한 건 알지만, 일부러 그런 것은 아니었다. 그들이 나한테 화가 난 건 알지만, 한 번 더 기회를 얻고 싶다. 나는 그들에게 보상할 수 있도록 최선을 다할 것이다.

Try!

Notes

#Total Study Time:

#Achievement: ☆☆☆☆☆

Restart Challenge 정답 They know good writers. / We know you well. / We knew you lied. / I didn't know they would do that.

Vocabulary Check

체포, 체포하다	→
충분한, 충분히	→
특이한, 흔치 않은	→
두꺼운, 굵은, 빽빽한, 짙은, 두껍게	→
(말, 차량 등을) 타다	→

DAY 60 #표현 #쓰기 #~일 것 같다 #guess

guess (+문장)

guess는 '추측하다'라는 의미의 동사예요. 주로 뒤에 문장을 이어서 '~일 것 같다'라고 말할 때 사용합니다. 대화에서는 "I guess."라고 뒤에 아무것도 없이 단독으로 사용하거나, 어떤 말을 하고 나서 뒤에 덧붙여 말하기도 해요. 이 경우 '그런 것 같아', 또는 '아마 그럴걸'이라는 의미로 사용됩니다.

Examples

I guess I can handle it. 내가 그것을 처리할 수 있을 것 같다.

I guess he is right. 나는 그가 옳다고 생각한다.

She is going to stay here, **I guess.** 그녀가 여기 계속 있을 것 같아.

Are you dating someone? **I'm just guessing.** 너 누구 사귀고 있어? 그냥 추측이야.

Restart Challenge

#응용 #도전

다들 여기에 있는 것 같네(다들 모인 것 같네). →

내가 틀렸던 것 같다. →

그런 것 같아. / 아마 그럴걸. →

그냥 추측이야. →

everyone 모두 | here 여기에 | wrong 틀린

Vocabulary

#오늘의 단어 #하루 다섯 단어 #암기

☐ **frighten** 겁먹게 하다, 놀라게 하다

☐ **furniture** 가구

☐ **weather** 날씨, 기상

☐ **foreign** 외국의, 대외의, 이질적인

☐ **difficult** 어려운, 힘든, 까다로운

Writing Practice

Sample I guess I made a wrong decision. If I could turn back time, I would make a different choice. I guess I will have to stay focused until things work out.

아마 내가 잘못된 선택을 한 것 같다. 시간을 돌릴 수 있다면, 다른 선택을 할 것이다. 상황이 잘 해결될 때까지는 계속 집중해야 할 것 같다.

Try!

Notes

#Total Study Time: #Achievement: ☆☆☆☆☆

Restart Challenge 정답 I guess everyone is here. / I guess I was wrong. / I guess. / I'm just guessing.

Vocabulary Check

어려운, 힘든, 까다로운	→	
외국의, 대외의, 이질적인	→	
날씨, 기상	→	
가구	→	
겁먹게 하다, 놀라게 하다	→	

DAY 61 #표현 #쓰기 #지각동사 #see

see+대상+동사원형 v-ing

5형식 문장에서 많이 볼 수 있는 동사 중 지각동사라는 것이 있습니다. 인간의 감각을 나타내는 동사들로 see(보다), look at(보다), observe(관찰하다), notice(알아차리다), watch(보다), hear(듣다), listen to(듣다), feel(느끼다)와 같은 동사들이 있어요. 이 중에 오늘은 동사 see의 활용법을 연습해 봅시다.

Examples

We **saw her cry**. 우리는 그녀가 우는 것을 보았다.

We **saw ducks crossing** the street. 우리는 오리들이 길을 건너는 것을 보았다.

I can **see it coming**. 나는 그것이 다가오는 것을 알 수(볼 수) 있다.

I **saw him looking** at me. 나는 그가 나를 쳐다보는 것을 보았다.

Restart Challenge   #응용 #도전

우리는 그녀가 웃는 것을 보았다.   →

우리는 고양이들이 싸우는 것을 보았다.   →

나는 그것이 움직이는 것을 보았다.   →

나는 그녀가 너를 쳐다보는 것을 보았다. →

laugh (소리 내어) 웃다 | cat 고양이 | fight 싸우다 | move 움직이다

Vocabulary   #오늘의 단어 #하루 다섯 단어 #암기

□ **popular** 인기 있는, 유행의

□ **rude** 무례한

□ **perhaps** 아마도

□ **poor** 불쌍한, 서투른, 가난한

□ **except** ～을 제외하고

138

Writing Practice

Sample Last weekend, I <u>saw Jason walking</u> along the street. I said hi, and we talked a lot about our lives. It was a pleasant surprise to meet him.

지난 주말에 Jason이 길을 걷는 것을 보았다. 인사를 하고 일상에 대해 많은 이야기를 나누었다. 갑작스러웠지만 즐거운 만남이었다.

Try!

Notes

#Total Study Time: #Achievement: ☆☆☆☆☆

Restart Challenge 정답 We saw her laugh. / We saw cats fighting. / I saw it moving. / I saw her looking at you.

Vocabulary Check

~을 제외하고	→
불쌍한, 서투른, 가난한	→
아마도	→
무례한	→
인기 있는, 유행의	→

DAY 62 #표현 #쓰기 #지각동사 #hear

(about) 명사
hear+ (that) 평서문
대상+동사원형/v-ing

또 다른 지각동사인 hear는 의미상 현재형보다 과거형을 훨씬 더 자주 사용합니다. 과거형 heard를 이용해 살아가면서 듣게 되는 다양한 이야기들을 전달하는 연습을 해 봅시다.

Examples

I heard the news. 나는 그 소식에 대해 들었다.

Do you **hear that sound?** 너 저 소리 들리니?

I heard they are moving to Seoul. 나는 그들이 서울로 이사 간다고 들었다.

I heard them yell my name. 나는 그들이 내 이름을 외치는 것을 들었다.

Restart Challenge

#응용 #도전

나는 그 아이에 대해 들었다.   →

너 종소리 들리니?   →

네가 승진했다는 얘기를 들었어.   →

나는 그들이 우는 것을 들었다.   →

kid 아이 | bell 종소리 | get promoted 승진하다

Vocabulary

#오늘의 단어 #하루 다섯 단어 #암기

☐ **contrary** 반대의

☐ **height** 높이

☐ **curious** 호기심이 많은, 별난

☐ **pity** 연민, 동정, 유감

☐ **guess** 추측하다

Writing Practice

Sample   I <u>heard</u> a lot <u>about her</u>. People say that she's really sweet and nice. I also <u>heard she lives in my neighborhood</u>. I can't wait to meet her.

난 그녀에 대해 많이 들었다. 사람들이 말하길 그녀는 굉장히 친절하고 착하다고 한다. 그녀가 우리 동네에 산다고도 들었다. 빨리 그녀를 만나고 싶다.

Try!

Notes

#Total Study Time: #Achievement: ☆☆☆☆☆

Restart Challenge 정답   I heard about the kid. / Do you hear the bell? / I heard you got promoted. /
I heard them crying.

Vocabulary Check

추측하다	→
연민, 동정, 유감	→
호기심이 많은, 별난	→
높이	→
반대의	→

DAY 63 #표현 #쓰기 #~을 잘하다

be동사+good at+ 명사 / v-ing

중학교 때 이 표현을 배운 기억이 있으실 거예요. be동사 다음에 good at을 사용하면 '무언가를 잘한다'고 표현할 수 있습니다. 그 다음에는 명사나 동사의 ing 형태를 사용해야 해요. 반대로 '무언가를 잘 하지 못한다'라는 표현은 'be poor at'입니다.

Examples

She **is good at playing** the guitar. 그녀는 기타를 잘 친다.

I'm not good at remembering things. 나는 기억력이 좋지 않다.

She **is good at math**. 그녀는 수학을 잘한다.

I **am good at everything**. 나는 모든 것을 잘한다.

Restart Challenge

#응용 #도전

그는 글을 잘 쓴다. →

나는 거짓말을 잘 못 한다. →

그녀는 영어를 잘한다. →

내가 모든 것을 잘하는 것은 아니다. →

write 쓰다 | lying lie의 ing 형태

Vocabulary

#오늘의 단어 #하루 다섯 단어 #암기

☐ command 명령, 명령하다, 지시하다

☐ spring 봄, 용수철, 튀어오르다

☐ medicine 의학, 의술, 약

☐ expect 예상하다, 기다리다, 기대하다

☐ drag 끌다, 힘들게 움직이다

Writing Practice

Sample I'm good at many things. Especially I'm good at cooking and baking. My husband is not good at them, but I'm going to teach him.

나는 잘하는 것들이 많다. 특히 요리와 베이킹을 잘한다. 내 남편은 그것들을 잘하지 못하지만 그에게 가르쳐주려고 한다.

Try!

Notes

#Total Study Time: #Achievement: ☆☆☆☆☆

Restart Challenge 정답 He is good at writing. / I'm not good at lying. / She is good at English. / I'm not good at everything.

Vocabulary Check

끌다, 힘들게 움직이다 →

예상하다, 기다리다, 기대하다 →

의학, 의술, 약 →

봄, 용수철, 튀어오르다 →

명령, 명령하다, 지시하다 →

make+대상+동사원형

5형식 문장의 대표적인 동사로 '사역동사'라는 것이 있습니다. 학창시절에 배우셨던 기억이 나시나요? have, make, let으로 대표되는 사역동사는 다른 대상에게 무언가를 시키거나 또는 영향을 줄 때 사용합니다. make 대신 have나 let을 사용할 수도 있어요. 의미상 과거 시제나 미래 시제로 많이 사용합니다.

Examples

I **made him clean** his room. 나는 그가 그의 방을 청소하도록 시켰다.

Susan **made me cry**. Susan은 나를 울게 만들었다.

My boss **made me finish** the report. 내 상사는 내가 그 보고서를 끝마치도록 시켰다.

Warm milk will **make you feel** better. 따뜻한 우유가 네 기분을 나아지게 만들 것이다.

Restart Challenge   #응용 #도전

나는 그가 야채를 먹도록 시켰다.   →

그는 내가 춤을 추게 만들었다.   →

내 상사는 내가 야근하게 만들었다.   →

이것이 네 기분을 나아지게 만들 것이다.   →

vegetable 야채 | dance 춤추다 | work late 야근하다

Vocabulary   #오늘의 단어 #하루 다섯 단어 #암기

☐ **early** 이른, 일찍

☐ **skyscraper** 고층빌딩, 마천루

☐ **wake** 깨다, 깨우다

☐ **celebrate** 축하하다

☐ **merchant** 상인

Writing Practice

Sample My boss made me finish the report this morning. It made me feel stressed. However, I'm glad that I was able to meet the deadline.

오늘 아침에 상사가 나에게 보고서를 끝내도록 했다. 이는 나를 스트레스 받게 했다. 그러나 기한을 맞출 수 있어서 다행이다.

Try!

Notes

#Total Study Time:　　　　　　　　　　　　　　　#Achievement: ☆☆☆☆☆

Restart Challenge 정답　I made him eat vegetables. / He made me dance. / My boss made me work late. / This will make you feel better.

Vocabulary Check

상인	→
축하하다	→
깨다, 깨우다	→
고층빌딩, 마천루	→
이른, 일찍	→

DAY 65 #표현 #쓰기 #~ 해야 한다

need+to-v

need는 '~할 필요가 있다'라는 의미의 동사입니다. 'to 동사'와 연결해서 사용하면 자연스럽게 주어가 할 필요가 있는 일을 나타낼 수 있어요. 다른 활용법으로 "My car needs repairing."과 같이 동사ing와 함께 사용하면 자연스럽게 수동의 의미가 더해져서 '내 차는 수리될 필요가 있어'와 같이 해석하기도 합니다.

Examples

I **need to ask** you a favor. 너한테 부탁을 하나 해야겠어.

You **need to take** a vacation. 너는 휴가를 쓸 필요가 있어.

He **needs to grow** up. 그는 자랄 필요가 있다(철 좀 들어야 한다).

Kids **need to be loved and respected**. 아이들은 사랑받고 존중 받아야 한다.

Restart Challenge

#응용 #도전

너한테 뭐를 좀 물어봐야겠어. →

너는 쉴 필요가 있어. →

그는 알 필요가 있다. →

아이들은 놀아야 한다. →

something 무언가 | take a rest 쉬다 | know 알다 | play 놀다

Vocabulary

#오늘의 단어 #하루 다섯 단어 #암기

☐ **whole** 전체의, 모든, 온전한

☐ **lower** 낮추다, 내리다, 더 낮은 쪽의

☐ **matter** 문제, 상황, 중요하다, 문제되다

☐ **might** 힘, 권력, (may의 과거형) ~ 해도 좋다

☐ **separate** 분리된, 관련 없는, 나누다

Writing Practice

Sample I think I <u>need to take</u> a nap. I didn't get enough sleep last night, and I'm super exhausted. Tomorrow is a big day and I really <u>need to recharge</u>.

낮잠을 자야 할 것 같다. 어제 잠을 충분히 자지 못하기도 했고, 완전 진이 다 빠졌다. 내일은 중요한 날이기 때문에 재충전이 정말 필요하다.

Try!

Notes

#Total Study Time: #Achievement: ☆☆☆☆☆

Restart Challenge 정답   I need to ask you something. / You need to take a rest. / He needs to know. / Kids need to play.

Vocabulary Check

분리된, 관련 없는, 나뉘다	→
힘, 권력, (may의 과거형) ~ 해도 좋다	→
문제, 상황, 중요하다, 문제되다	→
낮추다, 내리다, 더 낮은 쪽의	→
전체의, 모든, 온전한	→

DAY 66 #표현 #쓰기 #~ 했었다 #~하곤 했다

used+to+동사

used to는 '과거에 ~하곤 했다'라는 의미예요. 과거에는 했지만 지금은 하지 않는 일들이 있죠. 그런 일들을 이 표현으로 나타낼 수 있어요. '~에 익숙해지다'라는 의미를 가진 be used to 동사+ing와 헷갈리지 않게 주의하세요.

Examples

I **used to live** in Busan. 나는 예전에 부산에 살았었다.

I **used to have** a crush on him. 나는 예전에 그를 좋아했었다.

We **used to play** tennis together. 우리는 예전에 같이 테니스를 쳤었다.

He **used to be** skinny. 그는 예전에 말랐었다.

Restart Challenge   #응용 #도전

나는 예전에 서울에 살았었다.   →

나는 예전에 그를 싫어했었다.   →

우리는 예전에 같이 야구를 했었다.   →

그는 예전에 살이 쪘었다.   →

hate 싫어하다 | baseball 야구 | fat 살이 찐

Vocabulary   #오늘의 단어 #하루 다섯 단어 #암기

☐ **dive** 뛰어들다, 다이빙하다

☐ **steal** 훔치다, 살며시 움직이다

☐ **industry** 산업, 공업

☐ **decision** 결정, 판단

☐ **tomb** 무덤

148

Writing Practice

Sample　When I was young, I <u>used to live</u> in Busan. Now I live in Seoul with my husband. I <u>used to miss</u> it so much, but I don't miss it that much now. I love both cities.

나는 어렸을 때 부산에 살았었다. 현재는 남편과 함께 서울에 산다. 예전에는 부산이 엄청 그리웠는데 지금은 그 정도로 그립지는 않다. 나는 두 도시 모두 사랑한다.

Try!

> ### Notes
>
>
>
>
>
>
> #Total Study Time:　　　　　　　　　　　#Achievement: ☆☆☆☆☆

Restart Challenge 정답　I used to live in Seoul. / I used to hate him. / We used to play baseball together. / He used to be fat.

Vocabulary Check

무덤	→
결정, 판단	→
산업, 공업	→
훔치다, 살며시 움직이다	→
뛰어들다, 다이빙하다	→

DAY 67 #표현 #쓰기 #~을 원하다

want+ 명사 / to-v / 대상+to-v

원하는 것을 말할 때 가장 많이 쓰는 단어 want를 연습해 봅시다. 가장 간단하게는 명사를 이어서 쓸 수 있습니다. 동사를 쓸 경우에는 to부정사 형태로 써 주세요. '~가 …했으면 좋겠다'라고 말하고 싶다면 want와 to부정사 사이에 그 대상을 넣으면 됩니다.

Examples

She **wants a smartphone** for her birthday. 그녀는 생일선물로 스마트폰을 원한다.

I **wanted to go** home. 나는 집에 가고 싶었다.

I **want them to be** patient. 나는 그들이 인내심을 가졌으면 좋겠다.

Do you **want me to pick** you up? 내가 너를 데리러 가기를 원하니?

Restart Challenge   #응용 #도전

그는 생일선물로 지갑을 원한다. →

나는 너에게 말하고 싶었다. →

나는 그들이 행복했으면 좋겠다. →

내가 그를 도와주기를 원하니? →

talk to ~에게 말하다 | wallet 지갑 | help 도와주다

Vocabulary   #오늘의 단어 #하루 다섯 단어 #암기

☐ pronunciation 발음

☐ float 뜨다, (떠서) 흘러가다

☐ throw 던지다, 내몰다, 던지기

☐ conversation 대화, 회화

☐ explain 설명하다, 해명하다

Writing Practice

Sample I always <u>wanted to study</u> abroad in the United States. I'm so glad that I finally can. I <u>want to thank</u> my family for their support.

난 항상 미국에서 유학하고 싶었다. 드디어 그럴 수 있다는 사실에 기쁘다. 지지해준 가족들에게 고맙다고 말하고 싶다.

Try!

Notes
#Total Study Time: #Achievement: ☆☆☆☆☆

Restart Challenge 정답   He wants a wallet for his birthday. / I wanted to talk to you. / I want them to be happy. / Do you want me to help him?

Vocabulary Check

설명하다, 해명하다	→
대화, 회화	→
던지다, 내몰다, 던지기	→
뜨다, (떠서) 흘러가다	→
발음	→

DAY 68 #표현 #쓰기 #~을 바라다

hope+ to-v (that) 문장

want가 단순하게 내가 원하는 것 또는 요구를 나타낼 때 많이 쓰인다면, hope은 좀 더 미래 혹은 상대방에게 초점이 맞춰진 단어예요. 주로 to부정사나 문장을 이어 씁니다. 예문을 보며 어떤 뉘앙스의 단어인지 익혀 보세요.

Examples

We **hope to share** it with you. 우리는 그것을 너와 나누고 싶다.

I **hope to visit** there someday. 나는 언젠가 그곳에 방문하기를 바란다.

I **hope we are still friends**. 나는 우리가 여전히 친구이기를 바란다.

I **hope our kids are healthy and happy**. 나는 우리 아이들이 건강하고 행복하기를 바란다.

Restart Challenge   #응용 #도전

우리는 그녀와 일하기를 바란다.   →

나는 언젠가 그곳에 살기를 바란다.   →

나는 네가 잘 지내고 있기를 바란다.   →

나는 부모님이 건강하고 행복하기를 바란다.   →

work with ~와 일하다 | be doing well 잘 지내고 있다 | live 살다 | parents 부모님

Vocabulary   #오늘의 단어 #하루 다섯 단어 #암기

☐ inner 내면의, 중심부 가까이의

☐ hunger 굶주림, 기아, 갈망

☐ conflict 갈등, 충돌, 상충하다

☐ earthquake 지진

☐ figure 수, 숫자, 모습, 계산하다, 판단하다

Writing Practice

Sample   I'm going to visit my parents tomorrow. I hope they are doing okay. I can't wait to spend time with them. I hope I can stay with them until Sunday.

나는 내일 부모님을 뵈러 갈 것이다. 잘 지내고 계셨으면 좋겠다. 어서 부모님과 함께 시간을 보내고 싶다. 일요일까지 부모님 댁에 있을 수 있으면 좋겠다.

Try!

Notes

#Total Study Time:

#Achievement: ☆☆☆☆☆

Restart Challenge 정답   We hope to work with her. / I hope to live there someday. /
I hope you are doing well. / I hope my parents are healthy and happy.

Vocabulary Check

수, 숫자, 모습, 계산하다, 판단하다	→
지진	→
갈등, 충돌, 상충하다	→
굶주림, 기아, 갈망	→
내면의, 중심부 가까이의	→

DAY 69 #표현 #쓰기 #결심 #결정

decide+ to-v 명사

무엇인가에 대해 고민, 고심하여 미래의 일을 결심하거나 결정지을 때 쓰는 단어입니다. 주로 to부정사나 명사(구)를 이어 말해요. decide라는 동사의 특성 때문에 동사의 ing형태는 이어서 사용할 수 없어요.

Examples

I **decided to cut** my hair. 나는 머리를 자르기로 결정했다.

I **decided to start** working out. 나는 운동을 시작하기로 결심했다.

You have to **decide what your priorities are**. 너는 너의 우선순위들이 무엇인지 결정해야 해.

I can't **decide your life** for you. 나는 네 인생을 결정해 주지 못해.

Restart Challenge
#응용 #도전

내 남편은 금연을 하기로 결심했다. →

나는 사업을 시작하기로 결정했다. →

너는 네 커리어를 결정해야 해. →

나는 네 미래를 결정해주지 못해. →

quit smoking 금연하다 | business 사업 | career 커리어 | future 미래

Vocabulary
#오늘의 단어 #하루 다섯 단어 #암기

☐ **nearly** 거의

☐ **nod** 끄덕이다, (고개를) 까딱하다, 끄덕임

☐ **torch** 횃불, 방화하다

☐ **elect** 선출하다, 선택하다

☐ **especially** 특히, 유난히, 특별히

Writing Practice

Sample My son has <u>decided to break up</u> with his girlfriend. I liked that girl, but it looks like it didn't work out. If he really wants to break up, I will support his decision.

아들이 여자친구와 헤어지기로 결심했다. 나는 그 여자아이가 마음에 들었는데, 둘은 잘 안 된 것 같다. 아들이 정말 헤어지고 싶다면 그 결정을 지지하겠다.

Try!

Notes

#Total Study Time:　　　　　　　　　　　#Achievement: ☆☆☆☆☆

Restart Challenge 정답 My husband decided to quit smoking. / I decided to start a business. / You have to decide your career. / I can't decide your future for you.

Vocabulary Check

특히, 유난히, 특별히	→
선출하다, 선택하다	→
횃불, 방화하다	→
끄덕이다, (고개를) 까딱하다, 끄덕임	→
거의	→

DAY 70 #표현 #쓰기 #계획

plan+ to-v 명사

plan은 '계획하다'라는 의미를 갖고 있습니다. 뒤에 주로 to부정사나 명사를 이어서 사용해요. 보통 '지금' 계획하고 있는 일에 대해 말할 때가 많기 때문에 의미상 현재진행형으로도 많이 쓰는 표현입니다.

Examples

I **plan to travel** to Europe. 나는 유럽을 여행할 계획이다.

We **plan to do** something special. 우리는 뭔가 특별한 것을 할 계획이다.

I'm **planning a birthday party** for my daughter. 나는 딸의 생일파티를 계획 중이다.

We're **planning trip to Florida**. 우리는 플로리다 여행을 계획 중이다.

Restart Challenge   #응용 #도전

나는 아시아를 여행할 계획이다.   →

우리는 뭔가 재미있는 것을 할 계획이다.   →

나는 크리스마스 파티를 계획 중이다.   →

우리는 여름휴가를 계획 중이다.   →

Asia 아시아 | fun 재미있는 | Christmas 크리스마스 | vacation 휴가

Vocabulary   #오늘의 단어 #하루 다섯 단어 #암기

□ lay 놓다, 눕히다, (알을) 낳다

□ volunteer 자원 봉사자, 자원하다

□ address 주소, 연설, 연설하다

□ injure 부상을 입다, 손상시키다

□ spell 주문, 마법, 철자를 쓰다

Writing Practice

Sample I <u>plan to do</u> something fun after my retirement. I'm <u>planning to start</u> my own business with my friends. It could be a coffee house or a small restaurant. I'm very excited.

은퇴 이후에 나는 무언가 재미있는 걸 해볼 계획이다. 친구들과 함께 사업을 시작하려고 계획 중이다. 커피숍이 될 수도 있고, 작은 레스토랑이 될 수도 있다. 너무 기대된다.

Try!

Notes

#Total Study Time: #Achievement: ☆☆☆☆☆

Restart Challenge 정답 I plan to travel to Asia. / We plan to do something fun. /
I'm planning a Christmas party. / We're planning a summer vacation.

Vocabulary Check

주문, 마법, 철자를 쓰다	→
부상을 입다, 손상시키다	→
주소, 연설, 연설하다	→
자원 봉사자, 자원하다	→
놓다, 눕히다, (알을) 낳다	→

DAY 71 #표현 #쓰기 #충고 #조언

advise+대상 +to-v

advise는 '조언하다'라는 의미의 동사입니다. 명사 advice와 헷갈리지 않게 주의하세요. advise 뒤에 조언을 해주는 대상을 쓰고 to부정사를 이용해 조언하는 내용을 표현할 수 있습니다. 무언가를 하지 말라고 조언할 때는 to부정사 앞에 not을 덧붙여 주세요.

Examples

I **advise you to call** your parents. 나는 너에게 부모님께 전화하라고 조언하겠어.

He **advised me not to eat** junk food. 그는 나에게 몸에 안 좋은 음식을 먹지 말라고 조언했다.

They **advised him to save** money. 그들은 그에게 돈을 모으라고 조언했다.

He **advised me to lose** some weight. 그는 나에게 살을 빼라고 조언했다.

Restart Challenge

#응용 #도전

나는 너에게 휴가를 가지라고 조언하겠어. →

그녀는 나에게 건강한 음식을 먹으라고 조언했다. →

그들은 그에게 에너지를 아끼라고 조언했다. →

그는 나에게 살을 빼지 말라고 조언했다. →

take a vacation 휴가를 가지다 | healthy food 건강한 음식 | energy 에너지 | lose weight 살을 빼다

Vocabulary

#오늘의 단어 #하루 다섯 단어 #암기

☐ horizon 수평선, 시야

☐ triumph 업적, 승리감, 이기다

☐ root 뿌리, 근원, 뿌리를 내리다

☐ ashamed 부끄러운, 수치스러운

☐ upside down 거꾸로, 뒤집혀서

Writing Practice

Sample   I <u>advised him to save</u> up some money for the future. Spending all the money in one place is not good. I hope he listens to me.

그에게 미래를 위해 돈을 좀 모아 두라고 조언했다. 한곳에 돈을 다 쓰는 것은 바람직하지 않다. 그가 내 말을 듣기를 바란다.

Try!

Notes

#Total Study Time: #Achievement: ☆☆☆☆☆

Restart Challenge 정답   I advise you to take a vacation. / She advised me to eat healthy food. / They advised him to save energy. / He advised me not to lose weight.

Vocabulary Check

거꾸로, 뒤집혀서	→
부끄러운, 수치스러운	→
뿌리, 근원, 뿌리를 내리다	→
업적, 승리감, 이기다	→
수평선, 시야	→

DAY 72 #표현 #쓰기 #~을 즐기다

enjoy+ v-ing 명사

enjoy는 '즐기다'라는 의미의 동사입니다. 우리에게 익숙하고 쉬운 단어이지만 무엇을 즐기는지를 표현할 때는 반드시 뒤에 명사 또는 동사의 ing의 형태를 사용해야 해요. 동사+ing는 동명사라는 문법입니다. 동사에 ing를 붙여서 '~하는 것'이라는 의미의 명사처럼 사용해요.

Examples

I **enjoy talking** with you. 나는 너와 이야기하는 것을 즐겨(좋아해).

We **enjoy hanging** out with them. 우리는 그들과 어울리는 것을 즐긴다.

I didn't **enjoy the show** at all. 나는 그 공연을 전혀 즐기지 않았다.

Enjoy your holiday! 네 휴가를 즐겨(즐거운 휴가 보내)!

Restart Challenge
#응용 #도전

나는 그녀와 이야기하는 것을 즐겨. →

우리는 그들과 시간을 보내는 것을 즐긴다. →

나는 그 영화를 전혀 즐기지 않았다. →

네 인생을 즐겨! →

spend time 시간을 보내다 | movie 영화 | life 인생

Vocabulary
#오늘의 단어 #하루 다섯 단어 #암기

☐ **breeze** 산들바람, 미풍, 거침없이 움직이다

☐ **trash** 쓰레기, 부수다, 버리다

☐ **worth** ~ 할 가치가 있는, 가치, 값어치

☐ **respect** 존경, 존중, (~한 측)면, 존경하다

☐ **iceberg** 빙산

Writing Practice

Sample I enjoy reading books. I like to read autobiographies because they keep me motivated. I really enjoy being inspired by great books.

나는 독서를 즐긴다. 자서전 읽는 것을 좋아하는데, 동기부여된 상태를 유지시켜주기 때문이다. 나는 훌륭한 책들을 통해서 영감을 받는 것을 정말 좋아한다.

Try!

Notes

#Total Study Time: #Achievement: ☆☆☆☆☆

Restart Challenge 정답 I enjoy talking with her. / We enjoy spending time with them. / I didn't enjoy the movie at all. / Enjoy your life!

Vocabulary Check

빙산	→
존경, 존중, (~한 측)면, 존경하다	→
~ 할 가치가 있는, 가치, 값어치	→
쓰레기, 부수다, 버리다	→
산들바람, 미풍, 거침없이 움직이다	→

consider+ v-ing 명사

consider는 '생각하다, 고려하다, 여기다'라는 의미를 가진 동사입니다. 다양하게 활용이 가능한 동사인데, 오늘은 명사와 동명사를 이어서 사용하는 표현을 주로 알아봅시다. '~하는 것을 고려 중이다, 생각 중이다' 정도의 의미를 전달할 수 있습니다. 의미상 현재진행형으로 많이 쓰입니다.

Examples

I'm **considering learning** Spanish. 나는 스페인어를 배우는 것을 생각 중이다.

We're **considering moving** to Busan. 우리는 부산으로 이사가는 것을 고려 중이다.

They should **consider their kids**. 그들은 그들의 아이들을 고려해야 한다.

We're **considering a trip** to Jeju Island. 우리는 제주도 여행을 생각 중이다.

Restart Challenge

#응용 #도전

나는 중국어를 배우는 것을 생각 중이다. →

우리는 제주도로 이사가는 것을 고려 중이다. →

그들은 그 날짜를 고려해야 한다. →

우리는 캐나다 여행을 생각 중이다. →

Chinese 중국어 | date 날짜 | Canada 캐나다

Vocabulary

#오늘의 단어 #하루 다섯 단어 #암기

☐ blow (바람이) 불다, 코를 풀다, 폭파하다

☐ triangle 삼각형, 트라이앵글

☐ build 건설하다, 만들어내다

☐ attention 주목, 관심

☐ succeed 성공하다, (자리, 지위 등의) 뒤를 잇다

Writing Practice

Sample Last week, my boss offered me a new position in Busan. I <u>considered his offer</u> but I haven't made up my mind yet, because I need to <u>consider my kids</u> too. I think I need a few more days to think about it.

지난주에 내 상사가 부산에서의 새로운 직급을 제안했다. 그의 제안을 고려해보았지만 아직 결정을 내리지 못했다. 아이들도 고려해야 하기 때문이다. 생각할 시간이 며칠 더 필요할 것 같다.

Try!

Notes

#Total Study Time: #Achievement: ☆☆☆☆☆

Restart Challenge 정답 I'm considering learning Chinese. / We're considering moving to Jeju Island. / They should consider the date. / We're considering a trip to Canada.

Vocabulary Check

성공하다, (자리, 지위 등의) 뒤를 잇다	→
주목, 관심	→
건설하다, 만들어내다	→
삼각형, 트라이앵글	→
(바람이) 불다, 코를 풀다, 폭파하다	→

DAY 74   #표현 #쓰기 #~을 기억하다

remember+ **to-v** **v-ing** **명사**

remember는 뒤에 오는 동사의 형태에 따라 의미가 조금 달라집니다. 문법 시간에 배우셨던 기억이 나실 거예요. remember 다음에 to부정사를 사용하면 미래에 해야 할 일을 기억한다는 의미가 되고, 동명사를 사용하면 과거에 했던 일을 기억한다는 뜻이 됩니다. 의미가 꽤 다르니 문장과 함께 익히는 것이 좋아요.

Examples

Remember to call me when you arrive. 도착하면 전화하는 거 기억해.

Do you **remember talking** to her? 그녀와 이야기했던 것 기억하니?

I **remember spending** time with my dad. 나는 아빠와 함께 시간을 보낸 것을 기억한다.

I **remember the day** we met. 나는 우리가 만난 날을 기억한다.

Restart Challenge

#응용 #도전

도착하면 나한테 문자하는 거 기억해.   →

그녀와 놀았던 것 기억하니?   →

나는 아빠와 이 영화를 본 것을 기억한다.   →

나는 너와 함께 보낸 그 날을 기억해.   →

text 문자를 보내다 | play 놀다 | watch 보다 | spent spend의 과거형

Vocabulary

#오늘의 단어 #하루 다섯 단어 #암기

☐ scholar 학자, 장학생

☐ invention 발명, 발명품

☐ refuse 거절하다, 거부하다

☐ toward ~ 쪽으로, ~을 향하여

☐ once 한 번, ~하자마자

Writing Practice

Sample I <u>remember taking</u> her classes. She was my favorite professor and I really enjoyed her classes. They were really helpful. I should <u>remember to stop by</u> her office soon.

그녀의 수업을 들었던 것을 기억한다. 그녀는 내가 가장 좋아하는 교수님이었고 그녀의 수업들을 정말 재미있게 들었다. 그 수업들은 정말 도움이 많이 되었다. 조만간 교수님 연구실에 들르는 것을 기억하고 있어야겠다.

Try!

Notes
#Total Study Time: #Achievement: ☆☆☆☆☆

Restart Challenge 정답 Remember to text me when you arrive. / Do you remember playing with her? / I remember watching this movie with my dad. / I remember the day I spent with you.

Vocabulary Check

한 번, ~하자마자	→	
~ 쪽으로, ~을 향하여	→	
거절하다, 거부하다	→	
발명, 발명품	→	
학자, 장학생	→	

DAY 75 #표현 #쓰기 #~을 잊다 #까먹다

to-v
forget+ v-ing
명사

forget은 '잊다'라는 의미입니다. remember 동사와 마찬가지로 뒤에 to부정사를 사용하면 앞으로 해야 될 일을 잊었다는 의미이고, 동명사를 사용하면 과거에 했던 일을 잊었다는 의미입니다. to부정사의 동작은 아직 하지 않은 미래의 일이고, 동명사의 동작은 과거에 했던 일이라고 생각하면 됩니다.

Examples

I **forgot to tell** you. 너에게 말하는 것을 잊어버렸어.

Don't **forget to bring** an umbrella. 우산 가져오는 것을 잊지 마.

I'll never **forget meeting** Johnny Depp. 조니 뎁을 만난 것을 잊지 못할 것이다.

She usually **forgets things**. 그녀는 자주 잊어버리고는 한다.

Restart Challenge   #응용 #도전

너에게 전화하는 것을 잊어버렸어.   →

그 책을 가져오는 것을 잊지 마.   →

엠마 왓슨을 만난 것을 잊지 못할 것이다.   →

그녀는 가끔 내 이름을 잊어버린다.   →

call 전화하다 | sometimes 가끔

Vocabulary   #오늘의 단어 #하루 다섯 단어 #암기

☐ **amuse** 즐겁게 하다

☐ **weak** 약한, 힘없는, 약점

☐ **president** 대통령, 회장

☐ **ruin** 붕괴, 몰락, 망치다, 파멸시키다

☐ **national** 국가의, 전국민의, 국립의

Writing Practice

Sample　I have tons of new umbrellas. Today, I <u>forgot to bring an umbrella</u> again, even though I knew it was going to rain. I have one more umbrella now.

나에게는 새 우산이 엄청나게 많다. 오늘 비가 올 것을 알고 있었는데도 또 우산을 가져가는 것을 잊고 말았다. 우산이 하나 더 늘었다.

Try!

Notes
#Total Study Time:　　　　　　　　　　#Achievement: ☆☆☆☆☆

Restart Challenge 정답　I forgot to call you. / Don't forget to bring the book. /
I will never forget meeting Emma Watson. / She sometimes forgets my name.

Vocabulary Check

국가의, 전국민의, 국립의　　→

붕괴, 몰락, 망치다, 파멸시키다　→

대통령, 회장　　→

약한, 힘없는, 약점　　→

즐겁게 하다　　→

The good life is a process, not a state of being.
It is a direction not a destination.
- Carl Rogers -

· ·

바람직한 삶이란 상태가 아니라 과정이며,
목적이 아니라 방향이다.
- 칼 로저스 -

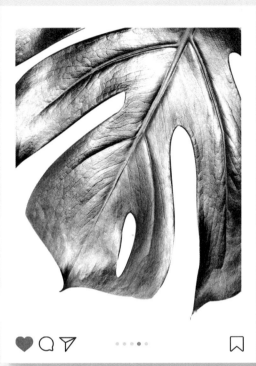

regret은 '후회하다'라는 의미의 동사입니다. 동명사를 쓰면 과거에 한 일을 후회한다는 의미예요. 미래의 일을 후회할 수는 없기 때문에 to부정사를 연결하면 '~하게 되어 유감스럽다' 정도로 해석하면 됩니다.

Examples

I **regret eating** too much. 나는 너무 많이 먹은 것을 후회한다.

I **regret not listening** to her advice. 나는 그녀의 조언을 듣지 않은 것을 후회한다.

We **regret to say** that we cannot help you. 당신을 도울 수 없다고 말하게 돼 유감입니다.

We **regret to hear** the news. 우리는 그 소식을 듣게 돼 유감입니다.

Restart Challenge

#응용 #도전

나는 술을 너무 많이 마신 것을 후회한다. →

나는 이것을 더 일찍 읽지 않은 것을 후회한다. →

우리는 당신을 도울 수 없다는 것을 알리게 돼 유감입니다. →

우리는 그것을 듣게 되어 유감입니다. →

drink 술을 마시다 | earlier 더 일찍

Vocabulary

#오늘의 단어 #하루 다섯 단어 #암기

☐ **solution** 해법, 해결책, 정답, 용액

☐ **debt** 빚, 부채, 신세를 짐

☐ **courage** 용기, 자신감

☐ **cure** 치유하다, 치유법

☐ **both** 둘 다

Writing Practice

Sample I regret saying bad words to him. It must have hurt his feelings. I wish I could take it back. I just couldn't control my feelings, and I really regret being selfish.

그에게 나쁜 말을 한 것을 후회한다. 분명 그의 감정을 상하게 했을 것이다. 내가 한 말을 주워 담을 수 있다면 좋을 텐데. 내 감정을 주체할 수가 없었다. 이기적으로 행동한 것을 정말 후회한다.

Try!

Notes

#Total Study Time:

#Achievement: ☆☆☆☆☆

Restart Challenge 정답 I regret drinking too much. / I regret not reading this earlier. /
We regret to inform you that we can't help you. / We regret to hear that.

Vocabulary Check

둘 다	→
치유하다, 치유법	→
용기, 자신감	→
빚, 부채, 신세를 짐	→
해법, 해결책, 정답, 용액	→

DAY 77 #표현 #쓰기 #~ 하고 싶다 #~라고 느끼다

feel like+ ^{v-ing} 명사

'~ 하고 싶은 기분이다'라는 표현입니다. '하고 싶지 않다' 라고 부정할 때는 앞에 주어에 따라 don't 또는 doesn't를 붙이면 돼요. like 뒤에 오는 동사는 꼭 ing의 형태로 사용해 주세요. 명사를 쓰면 단어에 따라 feel의 원래 의미인 '~라고 느끼다'라고 해석되기도 해요.

Examples

I don't **feel like cooking**. 나는 요리하고 싶은 기분이 아니다.

He doesn't **feel like playing**. 그는 놀 기분이 아니다.

I **feel like an ice cream**. 나는 아이스크림이 먹고 싶다.

I **feel like an idiot**. 나는 바보가 된 기분이다.

Restart Challenge

#응용 #도전

엄마는 오늘 요리하고 싶은 기분이 아니다. →

나는 집에 가고 싶지 않다. →

나는 커피 한 잔을 마시고 싶다. →

나는 패배자가 된 기분이다. →

go home 집에 가다 | a cup of coffee 커피 한 잔 | loser 패배자

Vocabulary

#오늘의 단어 #하루 다섯 단어 #암기

☐ **positive** 긍정적인, 긍정적인 것

☐ **unity** 통합, 통일성, 일치

☐ **accident** 사고, 우연

☐ **pulse** 맥박, 리듬, 고동치다

☐ **valley** 계곡, 골짜기

172

Writing Practice

Sample　I'm exhausted. When I'm tired, I don't <u>feel like doing</u> anything. I don't <u>feel like working</u> or <u>meeting</u> people. I just want to have a really good sleep.

나는 완전 지쳤다. 나는 피곤할 때는 아무것도 할 기분이 들지 않는다. 일하고 싶지 않고, 사람들을 만나고 싶지도 않다. 잠이나 푹 자고 싶다.

Try!

Notes
#Total Study Time:　　　　　　　　　　　　#Achievement: ☆☆☆☆☆

Vocabulary Check

계곡, 골짜기	→
맥박, 리듬, 고동치다	→
사고, 우연	→
통합, 통일성, 일치	→
긍정적인, 긍정적인 것	→

DAY 78 #표현 #쓰기 #~라고 듣다

명사
be동사 + told + to-v
문장

tell이라는 동사를 수동태로 바꾸면 'be told'가 됩니다. 수동태라는 것은 능동태의 반대말로서 동작을 당하는 것을 표현합니다. 말하는 것의 수동태는 말을 듣는 것입니다. 의미상 be동사는 주로 과거형으로 쓰이며, 뒤에 명사나 to부정사, 또는 문장을 이어서 사용할 수 있습니다.

Examples

I **was told to dress** up. 나는 옷을 갖춰 입으라고 들었다.

We **were told to wait** here. 우리는 여기서 기다리라고 들었다.

I **was told something** about them. 나는 그들에 대해 어떤 얘기를 들었다.

We **were told we are having a girl**. 우리는 딸을 낳을 것이라고 들었다.

Restart Challenge   #응용 #도전

나는 검은 옷을 입으라고 들었다.   →

우리는 집에 있으라고 들었다.   →

나는 진실을 듣게 됐다.   →

우리는 아들을 낳을 것이라고 들었다.   →

wear black 검은 옷을 입다 | stay home (안 나가고)집에 있다 | truth 진실

Vocabulary   #오늘의 단어 #하루 다섯 단어 #암기

☐ **settle** 정착하다, 해결하다, 결정하다

☐ **ever** 항상, 늘

☐ **besides** ~ 외에, 게다가

☐ **aim** 목적, 목표, 목표로 하다

☐ **lamb** 어린 양, 양고기, 새끼를 낳다

Writing Practice

Sample <u>I was told that Julie and Rich are engaged</u>. I think they are perfect for each other, and I'm so happy for them. I guess I need to buy something to wear.

Julie와 Rich가 결혼한다는 소식을 들었다. 나는 그들이 서로에게 완벽한 짝이라고 생각하고 둘이 잘돼서 너무 기쁘다. 옷을 하나 사야 할 것 같다.

Try!

Notes

#Total Study Time: #Achievement: ☆☆☆☆☆

Restart Challenge 정답 I was told to wear black. / We were told to stay home. / I was told the truth. / We were told we are having a boy.

Vocabulary Check

어린 양, 양고기, 새끼를 낳다	→
목적, 목표, 목표로 하다	→
~ 외에, 게다가	→
항상, 늘	→
정착하다, 해결하다, 결정하다	→

DAY 79 #표현 #쓰기 #~이 주어지다

be동사+given+ 명사
to 대상

동사 give를 수동태로 나타낸 표현입니다. 주어졌다는 말은 결국 받았다는 의미가 되겠죠? 앞서 배운 4형식 문장을 수동태로 바꾼 문장인데요, 4형식 문장은 간접목적어(~에게), 직접목적어(~을) 중 1개를 주어로 만들어서 2가지 종류의 수동태 문장을 만들 수 있답니다. 아래 문장들에서 확인하세요.

Examples

She **was given a lot of money**. 그녀는 많은 돈을 받았다.

I **was given a huge amount of responsibility**. 나에게 엄청난 책임감이 주어졌다.

The prize **was given to her**. 그 상품은 그녀에게 주어졌다.

Life has **been given to us**. 우리에게 삶이 주어졌다.

Restart Challenge   #응용 #도전

그녀는 많은 책을 받았다.   →

나에게 엄청난 양의 일이 주어졌다.   →

그 기회는 그녀에게 주어졌다.   →

시간이 우리에게 주어졌다.   →

work 일 | chance 기회

Vocabulary   #오늘의 단어 #하루 다섯 단어 #암기

☐ **fierce** 사나운, 격렬한, 맹렬한

☐ **harvest** 수확, 수확물, 수확하다

☐ **individual** 각각의, 개인의, 개인

☐ **deal** 거래, 거래하다, 많은

☐ **another** 또 하나, 더, 다른

Writing Practice

Sample It's a secret I'll never tell, I won the lottery! I <u>was given a huge amount of money</u>, and I'm trying not to spend it all at one place. What should I buy first?

절대 말하지 않을 비밀인데, 복권에 당첨됐다! 엄청난 돈을 받았는데 한 곳에 다 쓰지 않으려고 노력 중이다. 뭐부터 사야 할까?

Try!

Notes

#Total Study Time: #Achievement: ☆☆☆☆☆

Restart Challenge 정답   She was given a lot of books. / I was given a huge amount of work. /
The chance was given to her. / Time has been given to us.

Vocabulary Check

또 하나, 더, 다른	→
거래, 거래하다, 많은	→
각각의, 개인의, 개인	→
수확, 수확물, 수확하다	→
사나운, 격렬한, 맹렬한	→

DAY 80   #표현 #쓰기 #~ 해도 되다

be동사 + allowed + to-v

allow는 '허용하다'라는 의미의 동사입니다. 오늘의 표현에서는 수동태로 써서 주어가 어떤 것을 하는 것이 허용된다는 의미가 돼요. 뒤에 따라오는 동사는 to부정사 형태로 씁니다. 허용되지 않는다고 표현할 때는 allowed 앞에 not을 함께 써 주세요.

Examples

You **are allowed to make** mistakes. 너는 실수를 해도 된다.

Am I **allowed to park** here? 여기에 주차해도 되나요?

You **are not allowed to drink** soda. 너는 탄산음료를 마시면 안 된다.

We **are not allowed to go** out. 우리는 밖에 나가면 안 된다.

Restart Challenge   #응용 #도전

너는 실수를 하면 안 된다.   →

이 컴퓨터 써도 되는 건가요?   →

너는 여기서 뛰면 안 된다.   →

우리는 거기서 휴대폰을 쓰면 안 된다. →

use 사용하다 | run 뛰다 | cell phone 휴대폰

Vocabulary   #오늘의 단어 #하루 다섯 단어 #암기

☐ **abroad** 해외에, 해외로

☐ **portable** 휴대가 쉬운, 휴대용 제품

☐ **tradition** 전통

☐ **hut** 오두막

☐ **while** ~ 하는 동안에, 잠깐, 잠시

Writing Practice

Sample When I was young, I was allowed to make mistakes. Now as an adult, I'm trying not to make mistakes. I have to be professional.

어렸을 땐 내가 실수를 하는 것이 허용되었다. 지금은 어른으로서 최대한 실수하지 않으려고 노력한다. 나는 프로페셔널해야 한다.

Try!

Notes

#Total Study Time: #Achievement: ☆☆☆☆☆

Restart Challenge 정답 You are not allowed to make mistakes. / Am I allowed to use this computer? / You are not allowed to run here. / We are not allowed to use cell phones there.

Vocabulary Check

~ 하는 동안에, 잠깐, 잠시   →

오두막   →

전통   →

휴대가 쉬운, 휴대용 제품   →

해외에, 해외로   →

DAY 81 #표현 #쓰기 #~에 가보다

to+장소
have been+here
there

현재완료시제에서 be동사의 과거분사 been을 쓰면 과거부터 지금까지 가 본 곳에 대한 이야기를 할 수 있습니다. 시기나 횟수 등을 나타내는 표현들과 함께 사용할 수도 있어요. have는 've로, has는 's로 줄여서 쓸 수 있습니다. '가보지 않았다'라고 부정할 때는 have 뒤에 not을 붙여 haven't로 줄여 쓰거나 have 뒤에 never를 쓰면 돼요.

Examples

I**'ve been here** before. 나는 전에 이곳에 와본 적이 있다.

I**'ve been to that restaurant** many times. 나는 그 식당에 많이 가 봤다.

We**'ve been there** already. 우리는 그곳에 이미 가 봤다.

I **have** never **been to France**. 나는 프랑스에 가 본 적이 없다.

Restart Challenge   #응용 #도전

나는 전에 그곳에 가 본 적이 있다. →

나는 그 펍에 한 번 가 봤다. →

우리는 이미 보스턴에 가 봤다. →

나는 2019년에 프랑스에 가 봤다. →

pub 펍, 술집 | once 한 번 | Boston 보스턴

Vocabulary   #오늘의 단어 #하루 다섯 단어 #암기

☐ **divide** 나누다, 갈라지다

☐ **advertise** 광고하다, 알리다

☐ **knowledge** 지식, 알고 있음

☐ **field** 들판, 지역, 분야

☐ **repeat** 반복하다

Writing Practice

Sample I've been to many different countries. I've been to France, Spain, and Japan. But I haven't been to Africa yet. I wish I had a chance to visit.

나는 다양한 나라들을 가 봤다. 프랑스, 스페인 그리고 일본을 가 봤는데, 아직 아프리카는 가 보지 못했다. 방문할 기회가 있었으면 좋겠다.

Try!

Notes

#Total Study Time: #Achievement: ☆☆☆☆☆

Restart Challenge 정답 I've been there before. / I've been to that pub once. / We've been to Boston already. / I've been to France in 2019.

Vocabulary Check

반복하다	→
들판, 지역, 분야	→
지식, 알고 있음	→
광고하다, 알리다	→
나누다, 갈라지다	→

DAY 82 #표현 #쓰기 #~라고 느끼다

find it hard +to-v

상당히 복잡해 보이죠? 가목적어 it이라고 부르는 문법을 이용한 표현입니다. 여기서 find는 '~라고 느끼다, 알다'라고 해석해요. 무언가(it)를 어렵다(hard)고 느끼는데, 그 무언가의 내용이 to부정사 이하에 나타납니다. 이때 it을 가목적어, to부정사를 진목적어라고 한답니다.

Examples

I **find it hard to concentrate**. 나는 집중하는 것이 어렵다.

People **find it hard to quit** drinking. 사람들은 술을 끊는 것을 어려워한다.

She **found it hard to understand** him. 그녀는 그를 이해하는 것이 어렵다고 느꼈다.

I **found it hard to use**. 나는 그것을 사용하는 것이 어려웠다.

Restart Challenge   #응용 #도전

나는 춤추는 것을 어려워한다.   →

사람들은 담배 끊는 것을 어려워한다.   →

그녀는 잠에 드는 것이 어려웠다.   →

나는 믿기 어려웠다.   →

dance 춤추다 | quit smoking 담배를 끊다 | fall asleep 잠들다 | believe 믿다

Vocabulary   #오늘의 단어 #하루 다섯 단어 #암기

☐ **principle** 원칙, 신조, 법칙

☐ **otherwise** 그렇지 않으면, 그 외에는, 달리

☐ **central** 중앙의, 가장 중요한

☐ **thin** 얇은, 가는, 옅어지다

☐ **frankly** 솔직히, 솔직히 말하면

Writing Practice

Sample Sometimes I <u>find it hard to socialize</u> with people. I think that's because I'm an introverted person. But I <u>find it comfortable to be</u> around my friends. I'm so glad that I met these wonderful people.

가끔 나는 사람들과 어울리는 것이 어렵다고 느낀다. 내가 내향적인 사람이라서 그런 것 같다. 하지만 친구들과 함께 하는 것은 편안하다. 멋진 사람들을 만나서 정말 기쁘다.

Try!

Notes

#Total Study Time:

#Achievement: ☆☆☆☆☆

Restart Challenge 정답 I find it hard to dance. / People find it hard to quit smoking. / She found it hard to asleep. / I found it hard to believe.

Vocabulary Check

솔직히, 솔직히 말하면	→
얇은, 가는, 옅어지다	→
중앙의, 가장 중요한	→
그렇지 않으면, 그 외에는, 달리	→
원칙, 신조, 법칙	→

DAY 83 #표현 #쓰기 #기대하다 #고대하다

look forward to+ v-ing 명사

look forward to는 '~을 고대하다'라는 의미예요. 기다리고 기대되는 일에 대해서 표현해 봅시다. 현재형도 많이 쓰지만 진행형으로도 자주 표현합니다. 명사를 이어서 쓸 수 있고, 동사를 쓸 때는 ing의 형태로 사용해야 해요.

Fxamples

I'm looking forward to Christmas. 나는 크리스마스가 너무 기대된다.

I'm looking forward to visiting my parents. 나는 부모님을 뵙는 것이 기다려진다.

I'm looking forward to hearing from you. 너에게 소식 듣는 것을 기대하고 있다.

I'm looking forward to hanging out with him. 나는 그와 놀러 나가는 것이 너무 기대된다.

Restart Challenge   #응용 #도전

나는 발렌타인데이가 너무 기대된다. →

나는 그들을 방문하는 것이 기다려진다. →

나는 너를 곧 만나기를 기대하고 있다. →

나는 그와 일하는 것이 너무 기대된다. →

Valentine's Day 발렌타인데이 | see 만나다 | work 일하다

Vocabulary   #오늘의 단어 #하루 다섯 단어 #암기

☐ **intend** (일부러) 의도하다, 의미하다

☐ **trust** 신뢰, 신임, 신뢰하다

☐ **favor** 호의, 친절, 부탁, 베풀다

☐ **stem** 줄기, 손잡이 부분

☐ **useful** 유용한, 쓸모 있는

Writing Practice

Sample My parents are visiting me next week. We haven't seen each other for a long time. I <u>am looking forward to seeing</u> them soon.

우리 부모님이 다음 주에 나를 보러 오신다. 우리는 서로 못 만난 지 오래되었다. 빨리 부모님을 만나고 싶어 기대된다.

Try!

Notes

#Total Study Time:

#Achievement: ☆☆☆☆☆

Restart Challenge 정답 I'm looking forward to Valentine's Day. / I'm looking forward to visiting them. / I'm looking forward to seeing you soon. / I'm looking forward to working with him.

Vocabulary Check

유용한, 쓸모 있는	→	
줄기, 손잡이 부분	→	
호의, 친절, 부탁, 베풀다	→	
신뢰, 신임, 신뢰하다	→	
(일부러) 의도하다, 의미하다	→	

DAY 84 #표현 #쓰기 #가정법

It would be+형용사 +if+주어+과거동사

학교에서 가정법 과거를 배웠던 것 기억하시나요? 나의 바람 또는 유감을 표현할 때 쓰기도 하고, 상대에게 부탁을 할 때 완곡하고 정중한 태도를 살려 사용할 수 있는 표현입니다. if 뒤에 오는 문장에는 과거형 동사를 사용합니다.

Examples

It would be great if I could help them. 그들을 도울 수 있다면 정말 좋을 것 같다.

It would be nice if it worked. 그게 효과가 있으면 좋겠다.

It would be good if you could attend this meeting. 네가 이 회의에 참석하면 좋겠어.

It would be appreciated if you could do that. 네가 그렇게 해주면 정말 고마울 거야.

Restart Challenge
#응용 #도전

그들을 만날 수 있다면 정말 좋을 것 같다. →

눈이 내리면 좋겠다. →

네가 더 일찍 올 수 있으면 좋겠어. →

네가 나를 도와주면 정말 고마울 거야. →

meet 만나다 | snow 눈이 내리다 | come 오다 | earlier 더 일찍

Vocabulary
#오늘의 단어 #하루 다섯 단어 #암기

☐ **mean** ～을 의미하다, 의도하다, 못된

☐ **invade** 침입하다, 침해하다

☐ **valuable** 소중한, 값비싼

☐ **silent** 말이 없는, 조용한

☐ **riddle** 수수께끼, 불가사의

Writing Practice

Sample   I'm going through a hard time these days. <u>It would be so nice if my parents were</u> here with me. I really need their help.

난 요즘 힘든 시기를 보내고 있다. 부모님이 여기 함께 계셨으면 정말 좋겠다. 그분들의 도움이 정말로 필요하다.

Try!

Notes

#Total Study Time: #Achievement: ☆☆☆☆☆

Restart Challenge 정답   It would be great if I could meet them. / It would be nice if it snowed. / It would be good if you could come earlier. / It would be appreciated if you could help me.

Vocabulary Check

수수께끼, 불가사의	→
말이 없는, 조용한	→
소중한, 값비싼	→
침입하다, 침해하다	→
~을 의미하다, 의도하다, 못된	→

wonder if+평서문

wonder는 '궁금해하다'라는 의미예요. if는 영어에서 크게 '만약 ~라면' 그리고 '~인지 아닌지'의 두 가지 의미를 가지고 있습니다. 오늘 표현에서 if는 '~인지 아닌지'로 해석합니다. '~인지 아닌지 궁금하다'라는 의미로 대화에서도 질문할 때 자주 쓰는 표현이에요.

Examples

I wonder if I can use the restroom. 화장실을 사용해도 될까요?

I wonder if it is true. 나는 그게 사실인지 궁금하다.

I wonder if she could help me. 그녀가 나를 도와줄 수 있는지 궁금해.

I wonder if she knows my name. 그녀가 내 이름을 아는지 궁금하다.

Restart Challenge

#응용 #도전

그의 카메라를 빌릴 수 있을지 궁금하다. →

나는 내일 눈이 올지 궁금하다. →

네가 나를 도와줄 수 있는지 궁금해. →

그녀가 우리 엄마를 아는지 궁금하다. →

borrow 빌리다 | camera 카메라 | snow 눈이 내리다

Vocabulary

#오늘의 단어 #하루 다섯 단어 #암기

☐ **childhood** 어린 시절

☐ **envelope** 봉투

☐ **probably** 아마도

☐ **fancy** 근사한, 고급의

☐ **nervous** 긴장한, 불안해하는

Writing Practice

Sample Jenny used to be my best friend in high school. I lost contact with her after we graduated. I <u>wonder if she is doing well</u>.

Jenny는 고등학교 때 나와 가장 친한 친구였다. 졸업하고 나서는 그 애와 연락이 끊겨버렸다. 잘 지내고 있는지 궁금하다.

Try!

Notes
#Total Study Time: 　　　　　　　　　　　　#Achievement: ☆☆☆☆☆

Restart Challenge 정답   I wonder if I can borrow his camera. / I wonder if it will snow tomorrow. /
I wonder if you could help me. / I wonder if she knows my mom.

Vocabulary Check

긴장한, 불안해하는	→
근사한, 고급의	→
아마도	→
봉투	→
어린 시절	→

The beautiful thing about learning is
nobody can take it away.
- Riley B. King -

· ·

배움의 아름다운 점은
그 누구도 그것을 당신에게서
빼앗아갈 수 없다는 것이다.
- 라일리 B. 킹 -

STEP

3

DAY 86 #딕테이션 #받아쓰기 #다이어트

#Words

본격적으로 딕테이션을 시작하기 전 단어들을 먼저 살펴봐요.

New Year's resolution 새해 계획 | shape 모양, 몸매 | lose weight 몸무게를 줄이다 |
actually 실제로 | struggle 열심히 노력하다 | healthier 더 건강한 | stick to ~을 계속하다 |
imagine 상상하다 | better 더 나은 | boost 신장시키다 | crave 간절히 원하다 | give up 포기하다

First Try

첫 시도에는 총 세 번을 들어요. 첫 번째는 듣기만 하면서 내용을 파악하고,
두 번째부터 빈칸을 채워 보세요. 속도가 빠르다면 마지막에는 slow ver.으로
들어도 좋아요. 완료 후 다음 페이지의 정답을 확인하세요.

Every year the most popular New Year's res_____s are about h_____ and getting
in sh____. We all know how to lose w_____. But can we ac_____ do that? I have a
few tips for those who str_____ to lose _____ and want to get hea_____ this year.
First, make a p____ that you can actually s____ to. And speak your plan out loud to
your family and fr_____s. I_____ the be____ version of yourself will bo____ your
energy. Imagine it every time you cr_____ something. Finally, never g____ ____.

Second Try

정답과 해석을 확인한 후에 다시 딕테이션을 해보세요. 원어민의 발음을 따라 소리내 읽는 것도 좋아요.

Every year the most popular N____ Y____'s res_____s are about _____ and
getting in _____. We all know how to lo_____. But can we _____ do that? I
have a few tips for those who _____ to lo_____ and want to get _____
this year. First, make a _____ that you can actually _____ t__. And speak your plan
out loud to your family and fr_____s. I_____ the _____ version of yourself will
_____ your energy. Imagine it every time you _____ something. Finally, never
_____ ____.

Vocabulary

#오늘의 단어 #하루 다섯 단어 #암기

☐ dietary 음식물의, 식이요법의

☐ consumption (에너지, 식품, 물질, 상품의) 소비, 소모

☐ fiber 섬유질

☐ carbohydrate 탄수화물

☐ intake 섭취

Every year, the most popular New Year's resolutions are about health and getting in shape. We all know how to lose weight. But can we actually do that? I have a few tips for those who struggle to lose weight and want to get healthier this year. First, make a plan that you can actually stick to. And speak your plan out loud to your family and friends. Imagining the better version of yourself will boost your energy. Imagine it every time you crave something. Finally, never give up.

* crave something

crave는 '간절히 원하다'라는 뜻입니다. crave something은 '무언가를 간절히 원하다'라는 의미겠죠? 주로 음식을 먹고 싶어한다는 의미를 나타냅니다. 무언가가 엄청 먹고 싶은 상황에 crave를 사용해요.

– *I'm craving something sweet.* 나 단 음식이 엄청 땡겨.

해석

매년 가장 인기 많은 새해 목표들은 항상 건강과 몸 만들기에 관한 것입니다. 우리는 모두 살을 빼는 방법을 알고 있습니다. 하지만 실제 행동으로 옮길 수 있나요? 살을 빼기 위해 노력하는 사람들, 건강해지고 싶어하는 사람들을 위한 몇 가지 팁이 있습니다. 우선 현실적으로 지속 가능한 계획을 짜세요. 그리고 나의 계획을 가족과 친구들에게 알리세요. 더 나아진 자신의 모습을 상상하면 힘이 날 거예요. 무언가 먹고 싶을 때마다 그 모습을 상상하세요. 그리고 절대 포기하지 마세요.

Notes

#Total Study Time:

#Achievement: ☆☆☆☆☆

Vocabulary Check

#오늘의 단어　#테스트

섭취	→	
탄수화물	→	
섬유질	→	
(에너지, 식품, 물질, 상품의) 소비, 소모	→	
음식물의, 식이요법의	→	

DAY 87 #딕테이션 #받아쓰기 #면역력

#Words

infant 유아 ㅣ immune system 면역 체계 ㅣ adult 성인 ㅣ cold 감기 ㅣ life-threatening 생명을 위협하는 ㅣ once 일단 ~하면 ㅣ produce 생산하다 ㅣ antibody 항체 ㅣ exposed 노출된 ㅣ germ 세균 ㅣ antibiotic 항생제 ㅣ encourage 권장하다 ㅣ probiotic 생균제 ㅣ vaccinate 백신을 맞히다

First Try

In____s' im_____ systems are not as strong as those of a____s. In the first f____ months, even just a simple ____ might be life-_____. Once they reach four months old, they begin to pr_____ ____bodies when ex_____ to a virus or g____. You should know that anti_____s can kill some good bacteria, too. Doctors say that it's en_____d to give your babies probiotics when they take ____biotics. And always remember to vac_____ them. It's the safest and most effective way to pro____ them.

Second Try

_____s' i_____ systems are not as strong as those of _____s. In the first f____ months, even just a simple ____ might be l____-_____. On____ they reach four months old, they begin to _____ ____bodies when _____ to a virus or _____. You should know that anti_____s can kill some good bacteria, too. Doctors say that it's _____d to give your babies probiotics when they take _____s. And always remember to v_____ them. It's the safest and most effective way to _____ them.

Vocabulary

☐ vulnerable 취약한, 연약한

☐ fatigue 피로

☐ infection 감염

☐ contagious 전염성의

☐ diagnose 진단하다

Infants' immune systems are not as strong as those of adults. In the first four months, even just a simple cold might be life-threatening. Once they reach four months old, they begin to produce antibodies when exposed to a virus or germ. You should know that antibiotics can kill some good bacteria, too. Doctors said that it's encouraged to give your babies probiotics when they take antibiotics. And always remember to vaccinate them. It's the safest and most effective way to protect them.

* it is encouraged to

이 표현에서 주어 it은 가주어로, to 이하의 내용이 진짜 주어(진주어)입니다. '~을 하는 것이 권장된다'라는 의미로, suggest보다 좀 더 강하게 권하는 느낌이에요. 정보를 주거나 조언을 할 때 자주 쓰는 표현입니다.
– *It's encouraged to buy your tickets in advance.* 티켓을 미리 구매하는 것이 권장됩니다.

해석

아기들의 면역체계는 어른들만큼 강하지 않습니다. 첫 4개월 동안은 가벼운 감기조차도 치명적일 수 있습니다. 4개월이 지나면 바이러스나 세균에 노출될 때 항체를 생성하기 시작합니다. 항생제는 좋은 박테리아도 죽일 수 있다는 것을 아셔야 합니다. 의사들은 아기가 항생제를 먹을 때 생균제(프로바이오틱스)를 먹이는 것이 좋다고 말합니다. 그리고 예방 접종하는 것을 항상 기억하세요. 아기를 보호하는 가장 안전하고 효과적인 방법입니다.

Notes

#Total Study Time: #Achievement: ☆☆☆☆☆

Vocabulary Check
#오늘의 단어 #테스트

진단하다	→
전염성의	→
감염	→
피로	→
취약한, 연약한	→

DAY 88 #딕테이션 #받아쓰기 #독서 습관

#Words

cultivate 재배하다 | habit 습관 | children 아이들 | leave 두다 | everywhere 어디든지 |
whole 전체의 | area 지역, 구역 | often 자주 | possible 가능한 | picture book 그림책 |
visit 방문하다 | nearby 가까운 | library 도서관 | way 방법

First Try

Cult_____ a reading ha____ is one of the best gifts you can give to your chi_____.
Here are some t____ you can use to get your kids to start to re____. First, le_____
books ev_____ in your h_____, making the wh____ house a reading a____.
Next, set a reading time, for example bed_____ or before di_____, and read to your
children as of____ as poss_____. Don't know what to read? Start with your kids'
favorite picture _____s. Visiting ne_____ lib____ is a good w____, too.

Second Try

_____ a reading _____ is one of the best gifts you can give to your _____.
Here are some _____ you can use to _____ your kids to start to _____. First, _____
books _____ in your _____, making the _____ house a reading _____. Next,
set a reading _____, for example _____ or before _____, and read to your
children as _____ as _____. Don't know what to read? Start with your kids'
favorite _____ _____. Visiting _____ _____ is a good _____, too.

Vocabulary

#오늘의 단어 #하루 다섯 단어 #암기

☐ biography (인물의) 전기, 일대기

☐ library 도서관

☐ borrow 빌리다

☐ return 반납하다, 돌려주다

☐ fine 벌금, 연체료, 좋은

정답

Cultivating a reading habit is one of the best gifts you can give to your children. Here are some tips you can use to get your kids to start to read. First, leave books everywhere in your house, making the whole house a reading area. Next, set a reading time, for example bedtime or before dinner, and read to your children as often as possible. Don't know what to read? Start with your kids' favorite picture books. Visiting nearby libraries is a good way, too.

* as often as possible

as+부사+as possible은 '가능한 ~하게'라는 뜻입니다. 굉장히 자주 쓰는 표현으로 한 번쯤은 들어보셨을 것 같아요. 여기서는 often이라는 부사를 써 '가능한 자주'라고 사용했습니다.

– *Let me know as soon as possible.* 가능한 빨리 나에게 알려 줘.

해석

독서 습관을 길러주는 것은 우리 아이들에게 줄 수 있는 가장 좋은 선물 중 하나입니다. 아이의 책 읽기를 시작하기 위한 작은 팁들을 드립니다. 먼저 집안 곳곳에 책을 두어 집 전체를 책 읽는 공간으로 만들어 주세요. 다음으로 잠자는 시간이나 저녁 먹기 전 등 독서 시간을 따로 만들고, 가능한 자주 아이들에게 책을 읽어 주세요. 무엇을 읽어야할 지 모르겠나요? 우리 아이가 좋아하는 그림책부터 시작해 보세요. 가까운 도서관을 방문하는 것도 좋은 방법입니다.

Notes

#Total Study Time: #Achievement: ☆☆☆☆☆

Vocabulary Check
#오늘의 단어 #테스트

벌금, 연체료, 좋은	→
반납하다, 돌려주다	→
빌리다	→
도서관	→
(인물의) 전기, 일대기	→

DAY 89 #딕테이션 #받아쓰기 #자외선

#Words

sunscreen 자외선 차단제 | during ~ 동안 | year-round 연중 계속되는 | lower 낮추다 | cancer 암 | prevent 예방하다 | aging 노화 | discoloration 변색, 퇴색 | wrinkle 주름 | UV rays 자외선 | through ~을 통해 | even 심지어, ~도 | choose 선택하다 | damage 손상을 주다

First Try

Most of us know that we should wear sun_____ du_____ summer, but it really should be a year-_____ habit. Wearing su_____ low__s your risk of skin cancer and pre_____s signs of _____, such as disco_____ and wri_____s. UV _____s can pass thro_____ clouds, so it's encouraged to wear _____reen even on a cloudy day. When you ch_____ a product, pick one that offers over SPF 30 and covers both UVA and UVB. _____ rays can da_____ your eyes so don't forget to wear sunglasses.

Second Try

Most of us know that we should wear _____ _____ summer, but it really should be a _____-_____ habit. Wearing sunscreen _____s your risk of skin _____ and pre_____s signs of aging, such as dis_____ and _____s. ___ _____s can pass _____ clouds, so it's encouraged to wear _____ _____ on a cloudy day. When you _____ a product, pick one that offers over SPF 30 and covers both UVA and UVB. UV rays can _____ your eyes so don't forget to wear _____.

Vocabulary
#오늘의 단어 #하루 다섯 단어 #암기

- ☐ smooth 매끄러운
- ☐ rough 거친
- ☐ soothe 누그러뜨리다, 완화시키다
- ☐ peel 껍질을 벗기다
- ☐ scrape 긁다, 긁어내다

Most of us know that we should wear sunscreen during summer, but it really should be a year-round habit. Wearing sunscreen lowers your risk of skin cancer and prevents signs of aging, such as discoloration and wrinkles. UV rays can pass through clouds, so it's encouraged to wear sunscreen even on a cloudy day. When you choose a product, pick one that offers over SPF 30 and covers both UVA and UVB. UV rays can damage your eyes so don't forget to wear sunglasses.

* pass through

through는 '~ 사이로, ~을 관통하여'라는 뜻의 단어로, 동사 pass와 만나 '~을 꿰뚫다, 통과하다'라는 의미로 많이 사용합니다.
– *We're going to pass through the tunnel. 우리는 그 터널을 지나갈 것이다.*

해석

우리는 대부분 여름철에 자외선 차단제를 발라야 한다는 것을 알고 있습니다. 하지만 이는 반드시 1년 내내 하는 습관이 되어야 합니다. 자외선 차단제를 바르면 피부암에 걸릴 위험을 낮출 뿐 아니라, 색소침착이나 주름 등의 노화 징조를 막을 수 있습니다. 자외선은 구름을 통과할 수 있으니 구름 낀 날에도 차단제를 바르는 것이 권장됩니다. 제품을 고를 때는 SPF 30 이상이면서 UVA와 UVB를 모두 막아주는 제품을 선택하세요. 자외선은 눈을 손상시킬 수 있으니 선글라스를 쓰는 것을 잊지 마세요.

Notes

#Total Study Time:

#Achievement: ☆☆☆☆☆

Vocabulary Check

#오늘의 단어 #테스트

긁다, 긁어내다	→
껍질을 벗기다	→
누그러뜨리다, 완화시키다	→
거친	→
매끄러운	→

DAY 90 #딕테이션 #받아쓰기 #학교 폭력

#Words

term 기간, 학기 | **mean** 의미하다 | **bullied** 괴롭힘 당하는 | **suspect** 의심하다 | **importantly** 중요하게 | **have got to** ~해야 하다 | **judgement** 비판, 판단 | **fix** 바로잡다 | **involved** 관여하는 | **ask** 물어보다, 요청하다 | **handle** 다루다 | **brainstorm** 의견을 모으다 | **solve** 해결하다

First Try

For some children, a new school te_____ could m____ returning to being bu_____. Let's see what you can do if you su_____ your children are being b_____. Most imp_____, you've g__ t__ listen to them without jud_____. Don't say, "Did you do something to make them an___?" When f____ the problem, your kids must be inv_____. A____ them how they want to ha_____ it and brain_____ together. There are different ways to s____ this kind of pro_____, and together you will find the b___ way.

Second Try

For some children, a new school _____ could _____ returning to being _____. Let's see what you can do if you s_____ your children are being _____. Most i_____, you've g____ ____ listen to them without j_____. Don't say, "Did you do something to make them a_____?" When _____ the problem, your kids must be _____. Ask them how they want to _____ it and br_____ together. There are different ways to s_____ this kind of problem, and together you will find the _____ way.

Vocabulary

#오늘의 단어 #하루 다섯 단어 #암기

☐ **semester** 학기

☐ **scholarship** 장학금, 학문

☐ **tuition fee** 수업료, 학비

☐ **certificate** 증명서, 자격증

☐ **graduation** 졸업, 졸업식

For some children, a new school term could mean returning to being bullied. Let's see what you can do if you suspect your children are being bullied. Most importantly, you've got to listen to them without judgment. Don't say, "Did you do something to make them angry?" When fixing the problem, your kids must be involved. Ask them how they want to handle it and brainstorm together. There are different ways to solve this kind of problem, and together you will find the best way.

* have got to
'~을 해야 하다'라는 의무를 나타낼 때 쓰는 표현입니다. 대화에서는 줄여서 gotta라고 많이 쓰여요.
– *We've got to save our planet.* 우리는 우리의 행성(지구)를 구해야 한다.

해석
새 학기는 어떤 아이들에게는 괴롭힘을 당하는 곳으로 돌아감을 의미일 수도 있습니다. 만약 우리 아이들이 괴롭힘을 당하고 있다고 의심될 경우 무엇을 할 수 있을지 알아봅시다. 가장 중요한 것은 아이들의 말을 비판 없이 들어주는 것입니다. "네가 걔네들을 화나게 했니?"같은 말은 하지 마세요. 문제를 해결할 때는 아이들도 꼭 참여해야 합니다. 아이들에게 어떻게 해결하고 싶은지 물어보고 함께 아이디어를 나눠 보세요. 이런 문제를 해결할 수 있는 방법은 모두 다르며, 아이와 함께 한다면 가장 좋은 방법을 찾게 될 것입니다.

Notes

#Total Study Time:　　　　　　　　　　　　　　#Achievement: ☆☆☆☆☆

Vocabulary Check
#오늘의 단어　#테스트

졸업, 졸업식	→	
증명서, 자격증	→	
수업료, 학비	→	
장학금, 학문	→	
학기	→	

DAY 91　#딕테이션 #받아쓰기 #애완동물

#Words

be likely to-v ~할 것 같다 | rather than ~보다는 | dodge 기피하다 | whether ~인지 아닌지 | enough 충분한 | raise 기르다 | responsibility 책임감 | burden 부담, 짐 | long-term 장기간의 | commitment 약속, 책무 | carefully 신중히 | adopt 입양하다 | furry 털로 덮인

First Try

Sooner or later, every par____ is lik____ to hear: "Can I have a pup___?" Rather _____ dod___ the question, pa_____s should consider whe_____ they are r_____ for one. For exa_____, consider who will take _____ of the pet or whether there is en_____ sp_____ and money to ra_____ them. A pet can teach children resp_____ and become a wonderful add_____ to the family, or it can be a bur____. Owning a pet is a long-_____ comm_____, so think ca_____ before adopting a f_____ new family member.

Second Try

Sooner or later, every _____ is _____ to hear: "Can I h____ a _____?" Rather _____ _____ the question, _____s should consider _____ they are _____ for one. For _____, consider who will take _____ of the pet or whether there is _____ _____ and money to _____ them. A pet can tea____ children _____ and become a wonderful _____ to the family, or it can be a _____. Owning a pet is a _____-_____ co_____, so think _____ before adopting a _____ new family member.

Vocabulary
#오늘의 단어 #하루 다섯 단어 #암기

☐ **feed** 밥을 먹이다, 먹이를 주다

☐ **leash** (개 등을 매어 두는) 가죽끈, 사슬

☐ **sniff** 코를 킁킁거리다, 냄새를 맡다

☐ **cuddle** (애정 표시로) 껴안다

☐ **pet** (동물, 아이를 다정하게) 어루만지다, 쓰다듬다

정답

Sooner or later, every parent is likely to hear: "Can I have a puppy?" Rather than dodge the question, parents should consider whether they are ready for one. For example, consider who will take care of the pet or whether there is enough space and money to raise them. A pet can teach children responsibility and become a wonderful addition to the family, or it can be a burden. Owning a pet is a long-term commitment, so think carefully before adopting a furry new family member.

* sooner or later

직역하자면 '곧 혹은 나중에'이죠. 지금이든 나중이든 결국에는 일어날 일, 혹은 조만간 일어날 일을 말할 때 자주 사용하는 표현입니다.

– *Sooner or later, they will realize.* 결국에 그들은 깨달을 것이다.

해석

머지 않아 모든 부모들은 결국 이 말을 듣게 될 것 같습니다. "강아지 키워도 돼요?" 질문을 피하기 보다는 우리 가족이 애완동물을 키울 준비가 되어있는지 고려해봐야 합니다. 예를 들어, 누가 동물을 돌볼 것인지 혹은 동물을 키울 만한 공간과 경제적 여유가 있는지를 고려해야 합니다. 애완동물은 아이들에게 책임감을 가르치고 가족에 멋진 추가 일원이 될 수도 있지만, 큰 짐이 될 수도 있습니다. 애완동물을 기른다는 것은 장기간의 책무이기에 새로운 털북숭이 가족을 입양하기 전에 잘 생각해 보세요.

Notes

#Total Study Time:

#Achievement: ☆☆☆☆☆

Vocabulary Check

#오늘의 단어 #테스트

(동물, 아이를 다정하게) 어루만지다, 쓰다듬다 →

(애정 표시로) 껴안다 →

코를 킁킁거리다, 냄새를 맡다 →

(개 등을 매어 두는) 가죽끈, 사슬 →

밥을 먹이다, 먹이를 주다 →

#Words

meditation 명상 ｜ cross-legged 다리를 꼰 ｜ look at ~을 알아보다 ｜ concentrate 집중하다 ｜ itself 그 자신, 스스로 ｜ notice ~을 의식하다 ｜ pressure 압력 ｜ toe 발가락 ｜ ground 땅 ｜ relief 완화 ｜ rise 올라가다 ｜ ankle 발목 ｜ tense up 긴장하다 ｜ afterward 후에, 나중에

First Try

Most people think of med_____ as sitting do____, cr____-le____ with their ____s closed. That is only one of the ways to practice med_____. Today, we're going to lo____ ____ walking meditation. While you're walking, you should conc_____ on the walking its____. No_____ the pres_____ on each foot and t____ as it touches the gr_____, and the re_____ of that pres_____ as they r____ again. Feel your legs and an____s when they tense ____ and relax. Give it a try and see how you feel aft_____.

Second Try

Most people think of _____ as sitting down, _____-_____ with their ____s closed. That is only ____ of the ways to _____ _____. Today, we're going to _____ ____ walking _____. While you're walking, you should _____ on the walking _____. _____ the _____ on each foot and ____ as it touches the _____, and the ____ of that _____ as they _____ again. Feel your legs and _____s when they t____ ____ and relax. Give it a try and see how you feel _____.

Vocabulary

#오늘의 단어 #하루 다섯 단어 #암기

☐ relaxation 휴식

☐ psychological 정신적인, 심리학적인

☐ physical 육체의, 신체의, 물리적인

☐ spiritual 정신적인, 종교의

☐ contemplation 사색, 명상, 응시

정답

Most people think of meditation as sitting down, cross-legged with their eyes closed. That is only one of the ways to practice meditation. Today, we're going to look at walking meditation. While you're walking, you should concentrate on the walking itself. Notice the pressure on each foot and toe as it touches the ground, and the relief of that pressure as they rise again. Feel your legs and ankles when they tense up and relax. Give it a try and see how you feel afterward.

* give A a try

'A를 시도해보다'라는 뜻입니다. 주로 이제껏 해보지 않았던 것을 시도할 때 쓰는 표현이에요. try 대신 go나 shot을 써도 같은 의미입니다.

– *We decided to give the new Thai restaurant a try.* 우리는 새로 생긴 태국 식당을 도전해 보기로 했다.

해석

대부분의 사람들이 명상이라 하면 가부좌 자세를 하고 앉아 눈을 감는 것을 생각합니다. 이는 명상을 연습하는 여러 방법 중 하나일 뿐입니다. 오늘은 걸으면서 하는 명상에 대해 알아보겠습니다. 걷는 동안 걷는 행위 자체에 집중해야 합니다. 각각의 발과 발가락이 땅을 딛을 때의 압력과, 발과 발가락이 다시 올라갈 때 느껴지는 압력의 완화를 의식해 보세요. 다리와 발목의 긴장과 완화를 느껴 보세요. 한번 시도해 보고 어떤 기분을 느끼게 되는지 보세요.

Notes

#Total Study Time: #Achievement: ☆☆☆☆☆

Vocabulary Check

#오늘의 단어 #테스트

사색, 명상, 응시	→
정신적인, 종교의	→
육체의, 신체의, 물리적인	→
정신적인, 심리학적인	→
휴식	→

DAY 93 #딕테이션 #받아쓰기 #우정

#Words

friendship 우정 | blessed 축복 받은 | value 소중히 여기다 | rarely 드물게 | judgmental 비판적인 | depend 의지하다 | upon(=on) ~에 | sorrow 슬픔 | unburden (짐을) 덜어주다 | encouragement 용기 | relationship 관계

First Try

Friend_____ is a g_____ from God. Some of us are bl_____ with good friends. But they are taken for granted in some cases. Why should we va_____ friendships? A good friend is ra_____ judg_____. We can be o_____ with our g_____ friends. And a fr_____ can be de_____ed up_____ to share problems and sor_____s. This sharing helps us to unb_____ ourselves, because a friend gives us encour_____ and hope. Friendship is such an important rel_____.

Second Try

_____ is a _____ from God. Some of us are _____ with good friends. But they are taken for granted in some cases. Why should we _____ friendships? A good friend is _____ _____. We can be _____ with our _____ friends. And a friend can be _____ed _____ to share problems and _____s. This sharing helps us to _____ ourselves, because a friend gives us _____ and hope. Friendship is such an important _____.

Vocabulary   #오늘의 단어 #하루 다섯 단어 #암기

☐ lifelong 평생 동안의, 일생의
_____

☐ bond 유대, 끈
_____

☐ close 가까운
_____

☐ mutual 상호간의, 서로의
_____

☐ genuine 진짜의, 진실한, 진심 어린
_____

정답

Friendship is a gift from God. Some of us are blessed with good friends. But they are taken for granted in some cases. Why should we value friendships? A good friend is rarely judgmental. We can be open with our good friends. And a friend can be depended upon to share problems and sorrows. This sharing helps us to unburden ourselves, because a friend gives us encouragement and hope. Friendship is such an important relationship.

* take A for granted

take A for granted는 'A를 당연하게 여기다'라는 뜻으로 쓰이는 관용구입니다. 수동태로도 자주 쓰입니다.
– *Don't take your parents' love for granted.* 네 부모님의 사랑을 당연하다 생각하지 마.

해석

우정은 신이 주는 선물입니다. 우리 중 몇은 좋은 친구들이라는 복을 받았습니다. 하지만 우정은 종종 당연한 것으로 어거지고는 합니다. 우리는 왜 우정을 소중히 여겨야 한까요? 좋은 친구는 거의 비판적이지 않습니다 좋은 친구들과는 마음을 열고 지낼 수 있지요. 인생의 문제나 슬픔을 나누며 친구에게 의지할 수도 있습니다. 이러한 나눔은 부담감을 더는 데 도움이 돼요. 친구는 우리에게 용기와 희망을 주기 때문입니다. 우정이란 아주 중요한 관계입니다.

Notes	

#Total Study Time: #Achievement: ☆☆☆☆☆

Vocabulary Check
#오늘의 단어 #테스트

진짜의, 진실한, 진심 어린 →

상호간의, 서로의 →

가까운 →

유대, 끈 →

평생 동안의, 일생의 →

#Words

prefer 선호하다 | **distinct** 뚜렷한 | **pros and cons** 장단점들 | **prove** 증명하다 | **property** 속성 | **fatigue** 피로 | **on the other hand** 반면에 | **instant** 즉각적인 | **alert** 정신이 맑은 | **ward off** 물리치다 | **thanks to** ~ 덕분에 | **determine** 결정하다 | **weaken** 약화시키다 | **benefit** 이점

First Try

Would you like to have tea or co_____? Which do you pr_____? There are some dis_____ p_____ and c____ for each beverage. Scientific research has pr___n tea has medicinal pr____ties that can help fight fat_____. Coffee, on the ot____ _____, gives an ins_____ 'fix' and helps people be al____ and w____ o____ sleepiness, th_____ t__ the high caffeine content. It is very difficult to det_____ which bev_____ is better. But too much cream and s_____ in both drinks can we_____ the be_____s.

Second Try

Would you like to have tea or _____? Which do you _____? There are some d_____ p____ a____ c____ for each beverage. Scientific research has pr___n tea has medicinal pr____ties that can help fight _____. Coffee, on t____ _____ _____, gives an _____ 'fix' and helps people be _____ and w____ ____ sleepiness, th_____ ____ the high caffeine content. It is very difficult to _____ which _____ is better. But too much cream and s_____ in both drinks can w_____ the _____s.

Vocabulary
#오늘의 단어 #하루 다섯 단어 #암기

☐ **pour** 붓다, 따르다

☐ **savor** 맛, 풍미, 향기

☐ **sip** 홀짝이다, 한 모금

☐ **gulp** 벌컥벌컥 마시다

☐ **stir** 젓다, 섞다

정답

Would you like to have tea or coffee? Which do you prefer? There are some distinct pros and cons for each beverage. Scientific research has proven tea has medicinal properties that can help fight fatigue. Coffee, on the other hand, gives an instant 'fix' and helps people be alert and ward off sleepiness, thanks to the high caffeine content. It is very difficult to determine which beverage is better. But too much cream and sugar in both drinks can weaken the benefits.

* pros and cons

pro는 라틴어 접두사 pro에서 온 단어로 '지지하는'을 의미하고, con은 라틴어 접두사 contra에서 유래한 단어로 '반대하는'이라는 의미를 가지고 있습니다. 복수형 어미 –s를 붙여 '장단점들'이라는 표현으로 사용합니다.

– *We discussed the pros and cons of moving to Seoul.* 우리는 서울로 이사 가는 것의 장단점을 논의했다.

해석

커피 드실래요, 차 드실래요? 어떤 것을 더 좋아하시나요? 각 음료에는 분명한 장단점들이 있습니다. 과학 연구는 피로에 맞서는 데 도움을 줄 수 있는 약효가 차에 있다고 밝혀냈습니다. 반면에 커피는 높은 카페인 함량 덕에 즉각적인 '해결책'이 되어 정신을 초롱초롱하게 하고 졸음을 물리치는 데 도움이 되지요. 어떤 음료가 낫다고 하기는 참 어렵습니다. 하지만 두 음료 모두 크림과 설탕을 너무 많이 넣게 되면 그 효능이 낮아질 수 있습니다.

Notes

#Total Study Time: #Achievement: ☆☆☆☆☆

Vocabulary Check

#오늘의 단어 #테스트

젓다, 섞다	→
벌컥벌컥 마시다	→
홀짝이다, 한 모금	→
맛, 풍미, 향기	→
붓다, 따르다	→

DAY 95 #딕테이션 #받아쓰기 #스트레스

#Words

shadow 그림자 | various 다양한 | task 일, 과제 | chore (하기 싫은) 일 | carry out 수행하다 |
numerous 많은 | manage 다루다 | talk out 털어놓다 | work 효과가 나다 | try out ~을 시도
하다 | method 방법 | until ~까지 | appropriate 적절한 | motivation 동기부여

First Try

Stress is everywhere. You will be able to find sh_____s of it in the var_____ t___s
and ch___s that you have to ca___ o___. There are nu_____ ways of managing
stress, from listening to mu___ to talking it out with your fr_____s, and there are no
wr_____ or right w___s. If something does not w____ for you, t___ o___ different
met____s until you find one that is b____ for you. And stress does not have to be
bad. App_____ amounts of stress can be a g____ source of mot_____.

Second Try

Stress is every_____. You will be able to find _____s of it in the _____ _____s
and _____s that you have to _____ ___. There are n_____ ways of managing
stress, from listening to _____ to talking it out with your _____s, and there are
no _____ or right w___s. If something does not _____ for you, _____ _____
different m_____s until you find one that is b___ for you. And stress does not have
to be b___. A_____ amounts of st_____ can be a g___ source of _____.

Vocabulary

☐ distress 고통, 괴로움

☐ strain 부담, 압박

☐ withstand 견뎌내다

☐ consequence (발생한 일의) 결과

☐ encounter 맞닥뜨리다

정답

Stress is everywhere. You will be able to find shadows of it in the various tasks and chores that you have to carry out. There are numerous ways of managing stress, from listening to music to talking it out with your friends, and there are no wrong or right ways. If something does not work for you, try out different methods until you find one that is best for you. And stress does not have to be bad. Appropriate amounts of stress can be a good source of motivation.

* be able to

be able to는 조동사 can과 같은 의미로 '~을 할 수 있다'라는 뜻입니다. 미래시제에서는 can을 쓸 수 없으니 꼭 be able to를 써 주세요.
– I won't be able to pick you up today. 나 오늘은 너 데리러 못 갈 거야.

해석

스트레스는 곳곳에 있습니다. 다양한 업무들과 하기 싫은 일을 해야만 할 때 이 스트레스가 그림자처럼 따라다니는 것을 볼 수 있을 것입니다. 음악을 듣는 것부터 친구와 수다를 떠는 등 스트레스를 다루는 방법들은 많습니다. 옳고 그른 방법이란 없습니다. 스트레스가 꼭 나쁠 필요는 없습니다. 적정량의 스트레스는 오히려 동기부여의 원천이 될 수도 있습니다.

Notes

#Total Study Time: #Achievement: ☆☆☆☆☆

Vocabulary Check
#오늘의 단어 #테스트

맞닥뜨리다	→
(발생한 일의) 결과	→
견뎌내다	→
부담, 압박	→
고통, 괴로움	→

#Words

marathon 마라톤 | runner 달리는 사람 | strategy 전략 | possible 가능한 | be willing to 기꺼이 ~하다 | journey 여정 | set 설정하다 | need 필요 | without ~ 없이 | careful 세심한 | planning 계획 | dedication 전념 | few 소수, 적은 수

First Try

A mar_____ is a dream for many ru_____s. People who have been running, and some that have n_____ run, love the idea of finishing a mar_____. One of the best strategies for making that dream po_____ is to find someone who is w_____ to join the jou_____ with you. With your par_____, set the best training sche_____ for your time, n___s, and g___s. Then continue running without giving up. With care____ pl_____ and ded_____, you will be one of the f____ who makes the dream a reality.

Second Try

A _____ is a dream for many _____s. People who have been running, and some that have _____ run, love the i____ of finishing a _____. One of the best strategies for making that dream _____ is to find someone who is _____ ____ join the _____ with you. With your p_____, set the best training schedule for your time, _____s, and _____s. Then continue running without giving up. With _____ and _____, you will be one of the _____ who makes the dr_____ a reality.

Vocabulary

#오늘의 단어 #하루 다섯 단어 #암기

- □ jog 가볍게 뛰다, 조깅하다
- □ continuous 계속되는, 지속적인
- □ competition 경쟁, 대회, 시합
- □ athlete 운동선수
- □ amateur 아마추어

정답

A marathon is a dream for many runners. People who have been running, and some that have never run, love the idea of finishing a marathon. One of the best strategies for making that dream possible is to find someone who is willing to join the journey with you. With your partner, set the best training schedule for your time, needs, and goals. Then continue running without giving up. With careful planning and dedication, you will be one of the few who makes the dream a reality.

* be willing to

willing은 '~을 꺼리지 않는, 기꺼이 하는'이라는 의미를 가진 형용사입니다. be willing to로 거의 하나의 동사처럼 많이 쓰이는 표현입니다.
– I'm willing to take the chance. 나는 기꺼이 그 기회를 잡을 것이다.

해석

마라톤은 달리기를 하는 많은 사람들의 꿈입니다. 몇 년간 달려온 사람도, 전혀 달려보지 않은 사람도 마라톤을 완주한다는 생각을 참 좋아합니다. 이 꿈을 가능하게 하는 가장 좋은 전략 중 하나는 그 여정을 기꺼이 함께할 사람을 찾는 것입니다. 파트너와 함께 시간, 필요, 목표에 딱 맞는 훈련 스케줄을 정하세요. 그리고 포기하지 말고 계속 달리세요. 세심한 계획과 전념을 통해 마라톤이라는 꿈을 현실로 만든 몇 안 되는 사람이 될 수 있을 것입니다.

Notes

#Total Study Time: #Achievement: ☆☆☆☆☆

Vocabulary Check   #오늘의 단어 #테스트

아마추어	→
운동선수	→
경쟁, 대회, 시합	→
계속되는, 지속적인	→
가볍게 뛰다, 조깅하다	→

#Words

spicy 매운 | **tooth** 치아 | **lots of** 많은 | **hot pepper** 고추 | **spice** 양념 | **used to** ~에 익숙한 | **taste** 맛, 취향 | **restaurant** 식당 | **still** 여전히 | **popular** 대중적인 | **paste** 반죽, 장 | **carry** 휴대하다 | **abroad** 해외로 | **in case** 경우에 대비하여 | **local** 현지의 | **suit** (취향에) 맞다

First Try

Most Koreans have a sp___ to___. L___ o_ Korean foods have hot p_____ and s_____s in them, so people are u___ to a spicy ta___. You can even choose the spice level in some res_____s, so people who can't take the spice can s___ enjoy the t_____ of hot p_____. Gochu-jang is the most po_____ hot pepper pa___. Some people even ca___ a tube of gochu-jang when they travel ab_____, in c___ the lo___ food doesn't s___ their t_____.

Second Try

Most Koreans have a _____ _____. _____ ___ Korean foods have h___ _____ and sp___s in them, so people are u___ ___ a spicy _____. You can even choose the spice level in some _____s, so people who can't take the spice can _____ enjoy the taste of h___ _____. Gochu-jang is the most _____ hot pepper _____. Some people even _____ a tube of gochu-jang when they travel _____, in _____ the _____ food doesn't _____ their _____.

Vocabulary
#오늘의 단어 #하루 다섯 단어 #암기

☐ **soybean** 콩, 대두

☐ **barley** 보리

☐ **sesame** 참깨

☐ **rye** 호밀

☐ **crop** (농)작물, 수확량, (그림의 일부를) 잘라내다

정답

Most Koreans have a spicy tooth. Lots of Korean foods have hot pepper and spices in them, so people are used to a spicy taste. You can even choose the spice level in some restaurants, so people who can't take the spice can still enjoy the taste of hot pepper. Gochu-jang is the most popular hot pepper paste. Some people even carry a tube of gochu-jang when they travel abroad, in case the local food doesn't suit their taste.

* have a spicy tooth

직역하면 '매운 이빨을 가지고 있다'입니다. '매운 음식을 좋아하다'라는 의미의 관용구로 사용해요. 같은 맥락의 'have a sweet tooth (단 음식을 좋아하다)'도 정말 많이 쓰이는 표현입니다.

- *You know I have a sweet tooth.* 나 단 거 좋아하는 거 알잖아.

해석

대부분의 한국인든은 매운 음식을 좋아합니다. 많은 한국 음식에 매운 고추와 양념이 들어가 있어서 한국인든는 매운 맛에 익숙합니다. 몇몇 식당에서는 매운 맛의 단계를 고를 수도 있어 매운 음식을 잘 못 먹는 사람들도 고추 양념의 맛을 즐길 수 있습니다. 고추장이 가장 대중적인 고추 양념장입니다. 어떤 사람들은 해외 여행을 갈 때 현지 음식이 입에 맞지 않는 경우를 대비해 고추장 튜브를 들고 가기도 합니다.

Notes

#Total Study Time: #Achievement: ☆☆☆☆☆

Vocabulary Check   #오늘의 단어 #테스트

(농)작물, 수확량, (그림의 일부를) 잘라내다	→
호밀	→
참깨	→
보리	→
콩, 대두	→

DAY 98 #딕테이션 #받아쓰기 #식습관

#Words

part 부분 | modern 현대의 | should ~해야 하다 | healthy 건강한 | at least 적어도 | sneak 몰래 하다 | dish 음식 | also ~ 또한 | let 허락하다 | plate 접시, 그릇 | topping 토핑, 고명 | veggie 야채 | a bit of 약간의 | creativity 창의력

First Try

Fast food is a big p___ of mo_____ life, making it hard to teach chil_____ how they sh_____ eat healthy. There are some _____s to make your child like at le___ a few he_____ foods. One easy way is you can s_____ healthy food inside the d___es they like. Making the food look funny a___ helps. Set them up to look like people, or l___ your kid make f_____ designs on the pl_____. They can choose the top_____ for their ve_____s, too. With a ___ of cre_____, your kid will love healthy foods.

Second Try

Fast food is a big _____ of _____ life, making it hard to teach c_____ how they _____ eat healthy. There are some _____s to make your child like ___ l_____ a few _____ foods. One easy w___ is you can _____ healthy food inside the _____es they like. Making the food look funny _____ helps. Set them up to look like people, or _____ your kid make funny designs on the _____. They can choose the _____ for their _____s, too. With _ _____ of _____, your kid will love healthy foods.

Vocabulary

#오늘의 단어 #하루 다섯 단어 #암기

☐ digest 소화시키다

☐ indigestion 소화불량

☐ diarrhea 설사

☐ vomit 토하다, 토사물

☐ swallow 삼키다

정답

Fast food is a big part of modern life, making it hard to teach children how they should eat healthy. There are some ways to make your child like at least a few healthy foods. One easy way is you can sneak healthy food inside the dishes they like. Making the food look funny also helps. Set them up to look like people, or let your kid make funny designs on the plate. They can choose the topping for their veggies, too. With a bit of creativity, your kid will love healthy foods.

* veggie
일상생활에서 vegetable 대신에 많이 사용하는 단어입니다.
– Have some veggie sticks. 야채 스틱 좀 먹어 봐.

해석

패스트푸드는 현대 생활에서 큰 부분을 차지합니다. 아이들에게 어떻게 건강하게 먹어야 하는지 기르치는 것이 힘들어지고 있지요. 아이들이 조금의 건강한 음식이라도 좋아하게 만들 수 있는 몇 가지 방법이 있습니다. 한 가지 쉬운 방법으로 아이들이 좋아하는 음식 안에 건강한 음식을 숨겨놓을 수 있습니다. 음식을 재미있는 모양으로 만드는 것도 도움이 됩니다. 아이가 그릇 위에 음식을 웃기게 꾸며보게 할 수도 있고, 사람 모양처럼 만들어 볼 수도 있습니다. 야채 위에 올릴 토핑을 직접 고르게 할 수도 있어요. 약간의 창의력만 있으면 아이가 건강한 음식들을 좋아하게 될 것입니다.

Notes

#Total Study Time: #Achievement: ☆☆☆☆☆

Vocabulary Check

#오늘의 단어 #테스트

삼키다	→	
토하다, 토사물	→	
설사	→	
소화불량	→	
소화시키다	→	

DAY 99 #딕테이션 #받아쓰기 #홈브루잉

#Words

own 자신의 | sound ~처럼 들리다 | brewing (맥주의) 양조 | malt 맥아 | extract 추출물 |
yeast 효모 | at the least 최소한으로 | during ~동안 | entire 전체의 | make sure 확실하게
하다 | equipment 장비 | sterile 살균한 | tainted 썩은, 부패한 | buddy 친구

First Try

If you want to m____ your o____ beer at h_____, it is not as hard as it s____s. You
can buy a br_____ kit on_____ now. You will need a m____ ex_____ and brewers
ye____ at the l_____. Du_____ the en_____ process, you need to make s____ that all
the equi_____ is st_____. This is important be_____ you don't want to take any
chances on the beer becoming tai_____ and someone getting sick. Try it, and en____
the fact that you can m_____ good-tasting b____ with your buddies. It's worth a try.

Second Try

If you want to m_____ your _____ beer at h_____, it is not as h_____ as it _____s.
You can buy a _____ kit _____ now. You will need a _____ _____ and
brewers _____ a__ t_____. _____ the _____ process, you need to m_____
_____ that all the e_____ is _____. This is important _____ you don't
want to take any chances on the beer becoming _____ and someone getting
sick. Try it, and _____ the fact that you can m____ good-tasting b____ with your
buddies. It's worth a try.

Vocabulary

☐ hangover 숙취

☐ drunk 술이 취한, (특정 상황에) 도취한

☐ draft beer 생맥주

☐ intoxicating 알코올이 든, 취하게 만드는

☐ sober up 술이 깨다

정답

If you want to make your own beer at home, it is not as hard as it sounds. You can buy a brewing kit online now. You will need a malt extract and brewers yeast at the least. During the entire process, you need to make sure that all the equipment is sterile. This is important because you don't want to take any chances on the beer becoming tainted and someone getting sick. Try it, and enjoy the fact that you can make good-tasting beer with your buddies. It's worth a try.

* it's worth + 명사구

'~의 가치가 있다'라는 표현으로 통째로 많이 쓰입니다. 뒤에는 명사나 –ing 형태의 명사구가 주로 와요. 위 문장에서는 명사 try를 써 '시도해볼만한 가치가 있다'라는 의미가 됐습니다.

– *This car costs a lot, but it's worth it.* 이 차는 엄청 비싸지만 그럴만한 가치가 있다.

해석

닝신ㅣ 반약 당신만의 맥주를 집에서 만들어보고 싶다면, 들리는 것만큼 어려운 일은 아닙니다. 이제는 온라인에서 브루잉 키트(세트)를 구매할 수 있습니다. 최소한으로 맥아 추출물과 맥주 효모가 필요할 것입니다. 전체 제조 과정 동안 사용하는 모든 장비들을 반드시 소독해야 합니다. 맥주가 썩어서 누군가 아프게 되기를 원치는 않을 테니 이는 매우 중요합니다. 한번 시도해보고 맛있는 맥주를 만들 수 있다는 것을 친구들과 함께 즐겨 보세요. 시도해볼만한 가치가 있답니다.

Notes

#Total Study Time:

#Achievement: ☆☆☆☆☆

Vocabulary Check

#오늘의 단어 #테스트

술이 깨다	→
알코올이 든, 취하게 만드는	→
생맥주	→
술이 취한, (특정 상황에) 도취한	→
숙취	→

DAY 100 #딕테이션 #받아쓰기 #습관

#Words

habit 습관 | break 깨다 | keep A in mind A를 유념하다 | eliminate 제거하다 | stubborn 고집 센 | replacement 대체, 교체 | instead of ～ 대신에 | trigger 계기 | post 게시하다 | reward 보상하다 | from time to time 때때로 | several 몇 몇의 | stick with ～을 계속하다

First Try

We all have a h_____ we'd like to br___. K___ these tips i_ m___ if you wish to el_____ your st_____ h__ s. First, notice your tr_____s for the bad be_____. Once you've set a goal, de_____ on a re_____ be_____. Posting a message to your___ anywhere you can see might help. And re_____ yourself fr____ time t_ t___. Us_____, it takes about four weeks to make a new h_____. It may take se_____ tries to make the change. But if you st___ wi___ it, you can do it. G___ luck.

Second Try

We all have a _____ we'd like to _____. _____ these tips in _____ if you wish to e_____ your _____s. First, notice your _____s for the bad _____. Once you've set a goal, _____ on a _____ _____. Posting a message to y_____ anywhere you can see might h___. And _____ yourself fr___ t___ ____ t___. _____, it takes about four weeks to make a new _____. It may take _____ tries to make the change. But if you _____ with it, you can do it. G___ luck.

Vocabulary   #오늘의 단어 #하루 다섯 단어 #암기

☐ effort 수고, 노력

☐ purpose 목적, 용도, 의도

☐ achieve 달성하다, 성취하다

☐ accomplish 완수하다, 성취하다, 해내다

☐ triumphant 크게 성공한, 의기양양한

정답

We all have a habit we'd like to break. Keep these tips in mind if you wish to eliminate your stubborn habits. First, notice your triggers for the bad behavior. Once you've set a goal, decide on a replacement behavior. Posting a message to yourself anywhere you can see might help. And reward yourself from time to time. Usually, it takes about four weeks to make a new habit. It may take several tries to make the change. But if you stick with it, you can do it. Good luck.

* from time to time
'때때로, 가끔씩, 종종, 더러'의 의미로 많이 쓰이는 표현입니다. sometimes나 occasionally와 같은 뜻이에요.
– *We all make mistakes from time to time.* 우리 모두는 때때로 실수를 한다.

해석

우리는 깨부수고 싶은 습관을 하나씩 가지고 있습니다. 고질적인 습관들은 없애고 싶다면 이 팁들을 꼭 기억하세요. 먼저, 나쁜 습관을 유발하는 계기를 의식하세요. 목표를 설정했다면 대체 행동을 정하세요. 자기 자신에게 보내는 메시지를 잘 보이는 곳곳에 두면 도움이 될 수 있습니다. 가끔씩은 자신에게 보상도 해주세요. 보통 새로운 습관을 만드는 데 4주의 시간이 걸린다고 합니다. 변화를 만들기 위해 여러 번의 시도가 필요할 수도 있습니다. 하지만 꾸준히 계속 한다면 해낼 수 있어요. 행운을 빕니다.

Notes

#Total Study Time: #Achievement: ☆☆☆☆☆

Vocabulary Check
#오늘의 단어 #테스트

크게 성공한, 의기양양한	→	
완수하다, 성취하다, 해내다	→	
달성하다, 성취하다	→	
목적, 용도, 의도	→	
수고, 노력	→	

밤10시, 나를 돌보는 시간

초판발행 2021년 6월 14일

글쓴이 정승익, 박윤진
엮은이 김한나, 송지은, 진혜정
기획 한동오
펴낸이 엄태상
영문감수 Kirsten March
디자인 진지화
조판 이서영
오디오 김현이
마케팅 본부 이승욱, 전한나, 왕성석, 노원준, 조인선, 조성민
경영기획 마정인, 최성훈, 정다운, 김다미, 오희연
제작 조성근
물류 정종진, 윤덕현, 양희은, 신승진
펴낸곳 시소스터디
주소 서울시 종로구 자하문로 300 시사빌딩
주문 및 문의 1588-1582
팩스 02-3671-0510
홈페이지 www.sisostudy.com
네이버카페 cafe.naver.com/sisasiso
네이버블로그 blog.naver.com/sisosisa
인스타그램 instagram.com/siso_study
이메일 sisostudy@sisadream.com
등록번호 제2019-000149호
ISBN 979-11-91244-26-7 13740

100 DAYS PLANNER

MONTHLY

DAILY

FREE NOTE

100 DAYS
PLANNER

MONTHLY

DAILY

FREE NOTE

	SUNDAY	MONDAY	TUEDAY

To-Dos

- ☐
- ☐
- ☐
- ☐

DAILY HABIT CHECK	1	2	3	4	5	6	7	8	9	10	11	
1.												
2.												
3.												

WEDNESDAY	THURDAY	FRIDAY	SATURDAY

3	14	15	16	17	18	19	20	21	22	23	24	25	26	27	28	29	30	31

	SUNDAY	MONDAY	TUEDAY

To-Dos

- [ ]
- [ ]
- [ ]
- [ ]

DAILY HABIT CHECK		1	2	3	4	5	6	7	8	9	10	11	
1.													
2.													
3.													

WEDNESDAY	THURDAY	FRIDAY	SATURDAY

3	14	15	16	17	18	19	20	21	22	23	24	25	26	27	28	29	30	31

	SUNDAY	MONDAY	TUEDAY

To-Dos

☐ _____

☐ _____

☐ _____

☐ _____

DAILY HABIT CHECK	1	2	3	4	5	6	7	8	9	10	11	
1.												
2.												
3.												

WEDNESDAY	THURDAY	FRIDAY	SATURDAY

3	14	15	16	17	18	19	20	21	22	23	24	25	26	27	28	29	30	31

	SUNDAY	MONDAY	TUEDAY

To-Dos

☐ _____

☐ _____

☐ _____

☐ _____

DAILY HABIT CHECK	1	2	3	4	5	6	7	8	9	10	11	1
1.												
2.												
3.												

WEDNESDAY	THURDAY	FRIDAY	SATURDAY

3	14	15	16	17	18	19	20	21	22	23	24	25	26	27	28	29	30	31

DATE	.	.	.

TIME	TASK	✓

MEMO

DATE	.	.	.

TIME	TASK	✓

MEMO

DATE	.	.	.

TIME	TASK	✓

MEMO

DATE	.	.	.

TIME	TASK	✓

MEMO

DATE	.	.	.

TIME	TASK	✓

MEMO

DATE	.	.	.

TIME	TASK	✓

MEMO

DATE	.	.	.

TIME	TASK	✓

MEMO

DATE	.	.	.

TIME	TASK	✓

MEMO

DATE	.	.	.

TIME	TASK	✓

MEMO

DATE	.	.	.

TIME	TASK	✓

MEMO

DATE	.	.	.

TIME	TASK	✓

MEMO

DATE	.	.	.

TIME	TASK	✓

MEMO

DATE   .   .   .

TIME	TASK	✓

MEMO

DATE   .   .   .

TIME	TASK	✓

MEMO

DATE   .   .   .

TIME	TASK	✓

MEMO

DATE   .   .   .

TIME	TASK	✓

MEMO

DATE	.	.	.

TIME	TASK	✓

MEMO

DATE	.	.	.

TIME	TASK	✓

MEMO

DATE	.	.	.

TIME	TASK	✓

MEMO

DATE	.	.	.

TIME	TASK	✓

MEMO

TIME	TASK	✓

MEMO

TIME	TASK	✓

MEMO

TIME	TASK	✓

MEMO

TIME	TASK	✓

MEMO

DATE	.	.	.

TIME	TASK	✓

MEMO

DATE	.	.	.

TIME	TASK	✓

MEMO

DATE	.	.	.

TIME	TASK	✓

MEMO

DATE	.	.	.

TIME	TASK	✓

MEMO

DATE . . .

TIME	TASK	✓

MEMO

DATE . . .

TIME	TASK	✓

MEMO

DATE . . .

TIME	TASK	✓

MEMO

DATE . . .

TIME	TASK	✓

MEMO

DATE	.	.	.

TIME	TASK	✓

MEMO

DATE	.	.	.

TIME	TASK	✓

MEMO

DATE	.	.	.

TIME	TASK	✓

MEMO

DATE	.	.	.

TIME	TASK	✓

MEMO

DATE . . .

TIME	TASK	✓

MEMO

DATE . . .

TIME	TASK	✓

MEMO

DATE . . .

TIME	TASK	✓

MEMO

DATE . . .

TIME	TASK	✓

MEMO

DATE	.	.	.

TIME	TASK	✓

MEMO

DATE	.	.	.

TIME	TASK	✓

MEMO

DATE	.	.	.

TIME	TASK	✓

MEMO

DATE	.	.	.

TIME	TASK	✓

MEMO

| DATE | . | . | . |

TIME	TASK	✓

MEMO

| DATE | . | . | . |

TIME	TASK	✓

MEMO

| DATE | . | . | . |

TIME	TASK	✓

MEMO

| DATE | . | . | . |

TIME	TASK	✓

MEMO

DATE	.	.	.

TIME	TASK	✓

MEMO

DATE	.	.	.

TIME	TASK	✓

MEMO

DATE	.	.	.

TIME	TASK	✓

MEMO

DATE	.	.	.

TIME	TASK	✓

MEMO

DATE   .   .   .

TIME	TASK	✓

MEMO

DATE   .   .   .

TIME	TASK	✓

MEMO

DATE   .   .   .

TIME	TASK	✓

MEMO

DATE   .   .   .

TIME	TASK	✓

MEMO

DATE	.	.	.

TIME	TASK	✓

MEMO

DATE	.	.	.

TIME	TASK	✓

MEMO

DATE	.	.	.

TIME	TASK	✓

MEMO

DATE	.	.	.

TIME	TASK	✓

MEMO

DATE   .   .   .

TIME	TASK	✓

MEMO

DATE   .   .   .

TIME	TASK	✓

MEMO

DATE   .   .   .

TIME	TASK	✓

MEMO

DATE   .   .   .

TIME	TASK	✓

MEMO

DATE	.	.	.

TIME	TASK	✓

MEMO

DATE	.	.	.

TIME	TASK	✓

MEMO

DATE	.	.	.

TIME	TASK	✓

MEMO

DATE	.	.	.

TIME	TASK	✓

MEMO

DATE . . .

TIME	TASK	✓

MEMO

DATE . . .

TIME	TASK	✓

MEMO

DATE . . .

TIME	TASK	✓

MEMO

DATE . . .

TIME	TASK	✓

MEMO

DATE . . .

TIME	TASK	✓

MEMO

DATE . . .

TIME	TASK	✓

MEMO

DATE . . .

TIME	TASK	✓

MEMO

DATE . . .

TIME	TASK	✓

MEMO

DATE   .   .   .

TIME	TASK	✓

MEMO

DATE   .   .   .

TIME	TASK	✓

MEMO

DATE   .   .   .

TIME	TASK	✓

MEMO

DATE   .   .   .

TIME	TASK	✓

MEMO

DATE	.	.	.

TIME	TASK	✓

MEMO

DATE	.	.	.

TIME	TASK	✓

MEMO

DATE	.	.	.

TIME	TASK	✓

MEMO

DATE	.	.	.

TIME	TASK	✓

MEMO

DATE   .   .   .

TIME	TASK	✓

MEMO

DATE   .   .   .

TIME	TASK	✓

MEMO

DATE   .   .   .

TIME	TASK	✓

MEMO

DATE   .   .   .

TIME	TASK	✓

MEMO

| DATE | . | . | . |

TIME	TASK	✓

MEMO

| DATE | . | . | . |

TIME	TASK	✓

MEMO

| DATE | . | . | . |

TIME	TASK	✓

MEMO

| DATE | . | . | . |

TIME	TASK	✓

MEMO

DATE   .   .   .

TIME	TASK	✓

MEMO

DATE   .   .   .

TIME	TASK	✓

MEMO

DATE   .   .   .

TIME	TASK	✓

MEMO

DATE   .   .   .

TIME	TASK	✓

MEMO

DATE	.	.	.

TIME	TASK	✓

MEMO

DATE	.	.	.

TIME	TASK	✓

MEMO

DATE	.	.	.

TIME	TASK	✓

MEMO

DATE	.	.	.

TIME	TASK	✓

MEMO

밤10시,
나를 돌보는
시간